INOVAÇÃO NA PRÁTICA

SANMYA TAJRA e JOANA RIBEIRO

INOVAÇÃO NA PRÁTICA

DESIGN THINKING E FERRAMENTAS APLICADAS A STARTUPS

ALTA BOOKS
EDITORA
Rio de Janeiro, 2020

Inovação na Prática - Design thinking e ferramentas aplicadas a startups
 ISBN: 978-85-508-0737-9

Impresso no Brasil — 1ª Edição, 2020 — Edição revisada conforme o Acordo Ortográfico da Língua Portuguesa de 2009.

Produção Editorial
Editora Alta Books

Gerência Editorial
Anderson Vieira

Gerência Comercial
Daniele Fonseca

Produtor Editorial
Illysabelle Trajano

Marketing Editorial
Livia Carvalho
marketing@altabooks.com.br

Coordenação de Eventos
Viviane Paiva
eventos@altabooks.com.br

Editor de Aquisição
José Rugeri
j.rugeri@altabooks.com.br

Equipe Editorial
Ian Verçosa
Juliana de Oliveira
Maria de Lourdes Borges
Raquel Porto
Rodrigo Ramos
Thales Silva
Thiê Alves

Equipe de Design
Larissa Lima
Paulo Gomes

Revisão Gramatical
Jana Araujo
Fernanda Lutfi

Diagramação/Layout
Joyce Matos

Capa
Joyce Matos

Publique seu livro com a Alta Books. Para mais informações envie um e-mail para autoria@altabooks.com.br
Obra disponível para venda corporativa e/ou personalizada. Para mais informações, fale com projetos@altabooks.com.br

Erratas e arquivos de apoio: No site da editora relatamos, com a devida correção, qualquer erro encontrado em nossos livros, bem como disponibilizamos arquivos de apoio se aplicáveis à obra em questão.

Acesse o site **www.altabooks.com.br** e procure pelo título do livro desejado para ter acesso às erratas, aos arquivos de apoio e/ou a outros conteúdos aplicáveis à obra.

Suporte Técnico: A obra é comercializada na forma em que está, sem direito a suporte técnico ou orientação pessoal/exclusiva ao leitor.

A editora não se responsabiliza pela manutenção, atualização e idioma dos sites referidos pelos autores nesta obra.

Ouvidoria: ouvidoria@altabooks.com.br

Dados Internacionais de Catalogação na Publicação (CIP) de acordo com ISBD

T135i Tajra, Sanmya Feitora

Inovação na Prática: Design Thinking e Ferramentas Aplicadas a Startups / Sanmya Feitora Tajra, Joana Ramos Ribeiro. - Rio de Janeiro : Alta Books, 2020.
224 p. ; 16cm x 23cm.

Inclui índice.
ISBN: 978-85-508-0737-9

1. Design Thinking. 2. Inovação. 3. Startups.I. Ribeiro, Joana Ramos. II. Título.

2019-1931 CDD 658.4063
CDU 658.512.2

Elaborado por Vagner Rodolfo da Silva - CRB-8/9410

Rua Viúva Cláudio, 291 — Bairro Industrial do Jacaré
CEP: 20.970-031 — Rio de Janeiro (RJ)
Tels.: (21) 3278-8069 / 3278-8419
www.altabooks.com.br — altabooks@altabooks.com.br
www.facebook.com/altabooks — www.instagram.com/altabooks

ALTA BOOKS EDITORA

ASSOCIADO CBL Câmara Brasileira do Livro

abdr ASSOCIAÇÃO BRASILEIRA DE DIREITOS REPROGRÁFICOS

Agradeço a Deus, que está presente em todos os momentos da minha vida.

Agradeço a meu pai, Dib Tajra, que sempre me inspirou e motivou a continuar a busca do "fazer melhor".

Agradeço ao Adilson Ferreira, meu companheiro para todas as horas, que faz com que meus dias nesse plano da terra sejam leves e felizes.

Agradeço aos meus clientes e alunos, que me permitem oferecer e dar *feedbacks* para que o aprendizado seja contínuo.

Sanmya Feitosa Tajra

Agradeço a Deus por iluminar o meu caminho nesta estrada chamada vida.

Agradeço a minha família, que tanto amo e admiro, e em especial aos meus pais pelos sábios ensinamentos e todo o apoio para eu chegar até aqui e continuar.

Agradeço ao meu grande companheiro, Bruno Santos, por estar presente em todos os momentos, escrevendo juntos a nossa história.

Joana Ramos Ribeiro

Sumário

Sobre as autoras

Sanmya Feitosa Tajra

Graduada em Administração; doutora em Planejamento Urbano e Regional pela Universidade do Vale do Paraíba (SP); mestra em Educação (Currículo) pela Pontifícia Universidade Católica de São Paulo e pós-graduada em Planejamento Estratégico e Sistemas de Informações, Gestão Empresarial e Gestão de Serviços de Saúde pelo Senac/SP. É autora de vários livros nas áreas de Tecnologia Educacional e Gestão Empresarial.

Ministra as disciplinas Novas Tecnologias na Pedagogia; Administração de Pequenas e Médias Empresas; Organização de Sistemas e Métodos; Empreendedorismo; Planejamento Estratégico e Sistemas de Informações em cursos de Graduação e Pós-Graduação presencial e de extensão em EAD.

É proprietária da Tajra Tecnologias, empresa de consultoria com atividades na área de tecnologia educacional e organização empresarial, na qual desenvolve projetos de Formação de Professores, Mudança Organizacional, Programas de Qualidade, Sistema ISO, Planejamento Estratégico, BSC e em outros setores relacionados à área empresarial.

Joana Ramos Ribeiro

Formada em Ciências da Administração pela Universidade Federal de Santa Catarina (2005). Mestra em Engenharia Aeronáutica e Mecânica pelo Instituto Tecnológico de Aeronáutica (2008) e Doutora em Engenharia Aeronáutica e Mecânica pelo Instituto Tecnológico de Aeronáutica (2015).

Tem experiência profissional em Supply Chain na empresa Alpargatas (Havaianas) e no grupo Vivara (2008-2010). Foi pesquisadora no Observatório Tecnológico do IAE-DCTA (2011-2017). Consultora do Centro de Gestão de Estudos Estratégicos (CGEE), na área de Observatório Tecnológico (2013). Professora universitária, escritora na área de Inovação e Empreendedorismo. Trabalha num projeto de Sistema de Recomendação na startup Petmondo. E é sócia da microcervejaria Bugio, localizada em Florianópolis.

Prefácio

Discutir a importância das inovações para a sociedade humana seria um trabalho sem fim. Não há a menor dúvida de que as inovações foram, são e serão extremamente importantes para o indivíduo e a sociedade. Na sociedade do conhecimento, o ritmo imposto pelas inovações e seu impacto na vida das empresas é cada vez maior. Hoje, as pessoas percebem cada vez mais que as inovações são ainda mais críticas do que no passado. Assim, a concorrência, quer seja no setor industrial ou no setor de serviços, é cada vez mais acirrada e as empresas devem continuamente buscar produtos e serviços inovadores para atender a um mercado cada vez mais exigente. Para se inserir nessa onda, as empresas precisam ser criativas e ágeis e, para tanto, necessitam de estruturas enxutas e pessoas altamente capacitadas, criativas e inventivas. Pessoas cujas ideias inovadoras sejam uma necessidade imprescindível para a existência continuada e o sucesso das empresas atuais e futuras.

Apesar da evidente importância das inovações nas nossas vidas, o Fenômeno da Inovação está longe de ser bem compreendido e equacionado. Como é uma matéria multidisciplinar, muita vezes é tratada pontualmente, sem o devido aprofundamento e, em muitas obras, de maneira fragmentada, desta forma dificultando o aprendizado e o entendimento por parte dos leitores.

Esta obra se dispôs a tratar o Fenômeno da Inovação e suas inter-relações com o surgimento de startups, a utilização do *design thinking* e de *ferramentas de geração e estruturação de ideias.* Nos três primeiros capítulos, o leitor irá se deparar com um texto muito atual, que, de forma concisa e esclarecedora, apresenta os conceitos de inovação, seus processos e os impactos socioeconômicos provocados pelos processos de inovação. O quarto capítulo aborda as startups. O texto é muito didático e é, sem dúvida, uma leitura indispensável para o leitor que quer conhecer e se aprofundar no tema.

Para coroar a contemporaneidade do texto, o quinto capítulo trata do tema *design thinking* e suas estratégias para gerar produtos e serviços inovadores. Por fim, o sexto capítulo apresenta, de forma conceitual e prática, uma relação de ferramentas fundamentais para quem busca conhecimento e capacidade de empreender. Ferramentas estas que permitem desde a geração da ideia até a melhor forma de estruturação para que ela se torne inovação.

Esta obra, fruto de muita pesquisa e experiência acadêmica e empresarial de suas autoras, passará aos leitores informações especializadas sobre as pesquisas mais recentes no campo da inovação e, talvez o mais importante, conhecimento para transformar ideias em inovação.

Francisco Cristóvão Lourenço de Melo
Engenheiro de Materiais pela Universidade Federal de São Carlos (1985), mestre em Ciência e Engenharia dos Materiais pela Universidade Federal de São Carlos (1989) e doutor em Tecnologia Nuclear pela Universidade de São Paulo (1994). É pesquisador Titular III do Instituto de Aeronáutica e Espaço e professor colaborador do Instituto Tecnológico de Aeronáutica no Programas de Pós-Graduação em Ciências e Tecnologia Espacial (CTE/ITA). Tem experiência na área de Engenharia de Materiais e Metalúrgica e de Gestão Tecnológica e Inovação. Atualmente, ocupa o cargo de Chefe do Escritório de Estratégia Tecnológica do Instituto de Aeronáutica e Espaço (IAE)

▼▼▼

Introdução

Comentar que cada vez mais lidamos com o processo de mudança, e esse ocorre numa velocidade nunca vivenciada pela humanidade, não é novidade. Entretanto, este é o cenário com o qual vivemos no século XXI, em que o ciclo do conhecimento é transformado, adaptado e desconsiderado de forma contínua. A questão é como lidar com isso nas nossas vidas, no cotidiano, e como conviver com esse contexto no mundo das organizações.

Também é percebido que nunca na humanidade as pessoas buscaram tanto carreiras empreendedoras como a opção mais importante para suas vidas profissionais. Nunca tantas empresas foram abertas e fechadas como estamos vendo atualmente. O mundo do trabalho mudou, tornou-se mais flexível em relação ao cumprimento do horário de trabalho, aos sistemas de remuneração, à permanência fixa numa organização, às distâncias geográficas e às diferenças de fusos horários.

É nesse cenário que as startups surgem como uma oportunidade de realização pessoal para quem têm uma grande vocação empreendedora: sonhadores, animados e com muita energia para se dedicar a um projeto dos seus sonhos. Vemos nas startups a presença da paixão pelo trabalho acontecendo de forma prática. Nos ambientes das startups, todo o dinamismo da velocidade das mudanças acontece ao "vivo e a cores": o aprendizado organizacional ocorrendo entre as equipes, os conhecimentos sendo canibalizados, a escuta ao cliente cada vez mais perto da produção. É no núcleo dessas organizações que é possível ver nascer uma organização típica da 4ª Revolução Industrial.

△△△

Para apresentar na prática o funcionamento das organizações startups, elaboramos este livro com abordagens conceituais, exemplos práticos dessas experiências e ferramentas que podem ser utilizadas pelas startups para que o processo de transformação, aceleração e mudança ocorra dentro de técnicas, e não apenas no *"just do it"* (simplesmente faça). As startups não são estruturas desorganizadas, mas estruturas que convivem com um contexto interno e externo em ebulição, bem diferente das organizações estáticas e tradicionais: os modelos e teorias da administração não servem para as startups. Aplicar as técnicas da gestão tradicional da administração é imputar um prognóstico para um sintoma errado. É sobre isso que trataremos no livro.

Para apresentarmos essa forma de pensar, estruturar e organizar as startups, iniciaremos o Capítulo 1 conceituando a inovação, como ela surge, e desvendando os processos de invenção. No Capítulo 2, apresentaremos como ocorre o processo de inovação e os ingredientes necessários para que ela ocorra, dentre eles, o investimento em pesquisa e desenvolvimento, um capital humano criativo, um modelo de gestão a favor da inovação, a criação de um sistema de parcerias entre empresas e internamente na organização, o cuidado com o registro das patentes, o modelo de tecnologia empurrado e puxado pelo mercado. No Capítulo 3, abordaremos os tipos de inovação e seus impactos socioeconômicos, o que constitui uma inovação incremental e uma inovação radical e como o método Delphi e a transferência tecnológica apoiam a inovação nas organizações.

No Capítulo 4, explicaremos as características e os modelos das organizações startups, tendo como referências as quatro revoluções industriais, as trajetórias das organizações e as características essenciais dos ambientes e pessoas que trabalham nas organizações baseadas em inovação e como elas chegaram até o modelo das organizações exponenciais, crescendo de forma acelerada.

No Capítulo 5, trataremos exclusivamente o pensamento do *design thinking*, tendo como referência principal a abordagem HCD Toolkit – IDEO, que aponta como as estratégias do *design thinking* podem ser utilizadas para entender as necessidades e demandas que ainda não foram percebidas pelo mercado e como lançar um produto a partir das possibilidades de prototipagem, facilitando o acerto dos produtos e serviços inovadores no mercado. Também apresentamos um rol de estratégias que podem ser utilizadas nas fases de *design thinking*.

Por fim, no Capítulo 6, demonstraremos algumas técnicas favoráveis para gerar ideias criativas, tais como: o *brainstorming*, o world café, a biomimética, o SCAMPER, a TRIZ (Teoria da Solução Inventiva de Problemas), os seis chapéus do pensamento e a *open innovation*. Considerando que não basta ter uma ideia, o passo seguinte é estruturá-la. Para isso, sugerimos as três opções do Canvas Modelo de Inovação de Negócios, Proposta de Valor e de Projetos. Como não basta ter uma boa ideia e estruturá-la, sugerimos que ela seja apresentada para investidores por meio da técnica Pitch.

Este livro é uma rica fonte de informação com diversas ferramentas para ajudá-lo na sua jornada criativa: construir – desconstruir – construir novamente, tornando esse um processo natural e prazeroso na sua vida.

As autoras

CAPÍTULO 1

Conceituando a Inovação

Inovação, está aí uma palavra que nós amamos! E foi a partir de um processo de inovação que, por exemplo, um bendito artefato tecnológico foi criado: o celular. "O que seria da minha vida sem o celular!", "Posso até esquecer a carteira, mais volto para casa se esquecer o celular." Uma pesquisa realizada pela KPMG (2018) relatou que 71% dos chineses preferem perder a carteira do que o celular. É evidente que, se ele não existisse, ainda estaríamos aqui, mas um fato é que esse aparelho veio para contribuir bastante com a nossa comunicação, dando agilidade, rapidez e gerando, a partir dele, centenas de *spin-offs*.

Desde a primeira versão de um celular comercial, o Motorola DynaTac 8000X, lançado em 1984, que pesava cerca de 800g, cuja bateria que não durava 30 minutos e o custo era de US$3.995, sua evolução não para. Todo ano, diversas empresas disponibilizam no mercado uma variedade de smartphones que pesam, em média, 150g, com uma autonomia de bateria que chega a durar 23 horas e cujos custos podem ser menos de US$100. O resultado da evolução dessa tecnologia é que a cada 100 pessoas no mundo, 96 possuem celular (Worldbank, 2017).

Os impactos positivos das inovações nas organizações fazem com que haja maior cobrança. Quem não é cobrado a inovar hoje em dia? Contribuir com algo novo tornou-se mandatório nas organizações, e nós somos cobrados constantemente por isso. E podemos agradecer as diversas invenções feitas pela humanidade a este brilhante órgão chamado cérebro. Somos dotados de uma ferramenta que até hoje é pouco explicada pela medicina, mas que sabemos ser capaz de relacionar e correlacionar dados, informações, experiências vividas e transformar isso tudo em ideias. E o exercício contínuo de provocar nossa mente para conceber novas ideias é o que torna uma pessoa criativa.

Se para inovar precisamos de uma boa ideia e, para tal, precisamos exercitar nosso cérebro, então não é à toa que somos cobrados por isso. Ainda não existe uma máquina que seja capaz de fazer isso por nós, então eu apenas o encorajo a usar os dois lados desta dádiva que temos. Segundo estudos realizados por Murray (2018), o cérebro possui um importante papel, inclusive enquanto estamos dormindo, num processo que permite o armazenamento de informações recém-adquiridas, facilitando, assim, a memorização.

▼▼▼ FIGURA 1.1: O Papel do Cérebro na Geração de Ideias.

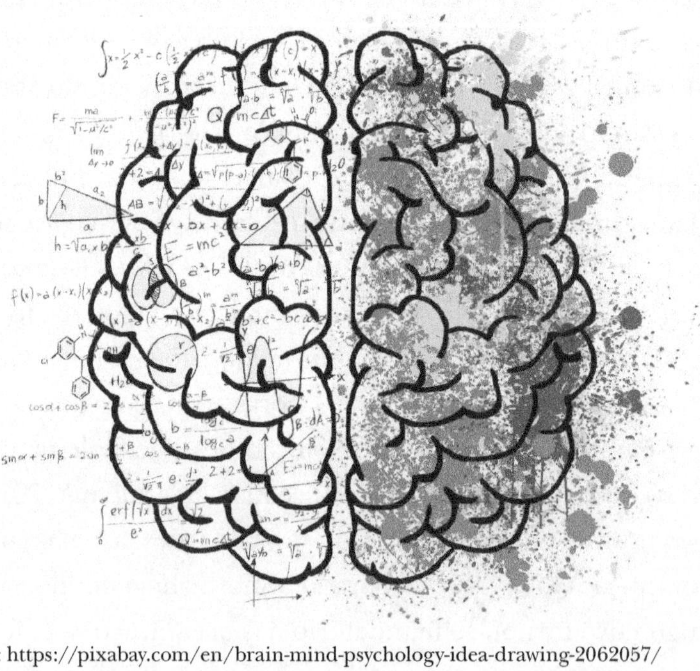

Fonte: https://pixabay.com/en/brain-mind-psychology-idea-drawing-2062057/

Este livro vai ajudá-lo a desmitificar a inovação com uso de conceitos úteis e práticos para serem aplicados no seu dia a dia. Exatamente isso, aplicar! Para aprendermos qualquer conceito, é preciso colocá-lo em prática. O famoso *learning by doing*, idealizado por John Dewey, no qual o aprendizado ideal acontece por meio da experiência.

O objetivo é revelar os principais conceitos sobre inovação, sua importância para o crescimento econômico das organizações, e até de uma nação, apresentando alguns exemplos de sucessos e fracassos na história. Precisamos estar cientes dos esforços e barreiras para gerar uma inovação, mesmo tendo uma ideia brilhante; porém, é importante não desanimar e buscar ser, onde quer que seja, um agente de disseminação da inovação.

O seu entendimento sobre inovação e o impacto que esse elemento pode causar na sociedade, com certeza, será um diferencial no seu desenvolvimento profissional.

O Surgimento da Inovação

Por que em diversos discursos, e em textos relacionados à Administração, afirma-se categoricamente que a tecnologia é importante para humanidade?

Que tal caminharmos pela história da humanidade? Imagine como seria viver no passado sem os diversos artefatos tecnológicos aos quais temos acesso hoje: celular, fogão, geladeira, carro, internet etc.; quando não havia energia para ajudar nas atividades básicas; tempos em que os meios de subsistência dependiam da organização da sociedade, caso contrário, a vida poderia se tornar um caos. Foi no meio dessa luta pela sobrevivência que as primeiras inovações surgiram para facilitar a vida dos seres humanos. Essas criações estavam voltadas principalmente para auxiliar a caça ou o cultivo, a armazenagem e o cozimento dos alimentos.

Assim, as invenções de artefatos e suas melhorias surgiram basicamente para suprir uma das maiores necessidades humanas: a alimentação.

Posteriormente, o surgimento de sociedades mais complexas — resultado da melhor organização de determinados grupos em um determinado local a fim de desenvolver a agricultura —, estimulou o desenvolvimento de tecnologias, como, por exemplo, a metalurgia para o desenvolvimento do arado e o desenvolvimento de tijolos para construção de silos para estocagem de grãos.

A Figura 1.2 ilustra a agricultura primitiva chinesa versus a agricultura moderna. É possível observar nesta ilustração os três elementos que são o pressuposto para o surgimento da produção agrícola em massa: a tecnologia (arado), o homem e a domesticação de animais. A mecanização da agricultura começou a partir de 1850, com o surgimento do primeiro trator a vapor, e teve um grande passo em 1892, quando John Froelich inventou o primeiro trator a gasolina. O aumento substancial da produtividade da agricultura com o surgimento e a aplicação dessas novas tecnologias foi importante para garantir a não escassez de alimento no mundo. Um dos grandes desafios para acabar com a fome e a subnutrição é melhorar o sistema de distribuição de alimentos, hoje deficitário para as regiões mais carentes. Porém, sabemos dos impactos negativos da agricultura moderna atrelada à monocultura. A conscientização de muitos produtores e consumidores está mudando hábitos de consumo de muitos, e observa-se uma crescente quantidade de iniciativas nas áreas produtoras de alimento, utilizando a produção orgânica e agroflorestal.

▼▼▼ Figura 1.2: Agricultura Primitiva.

Fonte: https://pixabay.com/pt/buffalo-agricultor-cultivar-1822581/

▼▼▼ Figura 1.3: Agricultura Moderna.

Fonte: https://pixabay.com/pt/tractor-misturador-de-gr%C3%A3o-rurais-385681/

Com o aumento da produtividade após a modernização da agricultura, o armazenamento dos alimentos passou a ser um fator crítico. Porém, arqueólogos descobriram um silo que deve ter sido construído há cerca de 11 mil anos, data bem anterior a criação da agricultura.

É impressionante quando se estuda a história das civilizações antigas, como a grega, a egípcia, a chinesa e a romana, e constata-se que elas contribuíram com uma grande quantidade de conhecimento. É possível elencar a escrita, o cálculo matemático, a geometria, a astronomia, entre outros. Todos conhecimentos fundamentais para a continuidade das inovações subsequentes.

A organização americana *History* (Andrews, 2012) relacionou inovações que mudaram a história da humanidade. A primeira foi a invenção da prensa mecânica móvel para impressão por Johannes Gutenberg, em torno de 1440, na Alemanha. Essa invenção teve um grande impacto na difusão do conhecimento com a impressão em massa. A bússola, inventada provavelmente na China, passou a ser utilizada, a partir do século XIV, na navegação comercial e foi uma invenção primordial para a era dos descobrimentos feitos pelos europeus durante os séculos subsequentes. A lâmpada elétrica de longa duração foi criada por Thomas Alva Edison em 1879, melhorando a qualidade de vida do ser humano.

Portanto, a necessidade de sobrevivência e a expansão das civilizações são dois fatores que influenciam a geração de inovação até os dias de hoje. E, atualmente, tornou-se um elemento fundamental para garantir a competitividade de organizações. Você já deve ter ouvido falar que organizações que não inovam estão fadadas ao fracasso. Será verdade? É o que discutiremos a seguir e também no Capítulo 4, quando abordaremos as revoluções industriais e os modelos de gestão adequados a cada época.

Desvendando a Inovação

A palavra em inglês *innovation* (inovação, em português) já tem aproximadamente 550 milhões de hits no Google, mais citada do que palavras como *globalização* e *criatividade*. Mas, como uma estudiosa do assunto, percebo muito mais as pessoas e organizações jogando-a ao vento do que de fato a entendendo e criando as competências necessárias para torná-la uma arma estratégica, resolvendo problemas reais da sociedade e, consequentemente, gerando riqueza.

Mas como, então, criaremos mais e jogaremos menos palavras ao vento?

Bem, vamos desvendar o mistério.

Por mais nova que seja a inovação, ela nunca será gerada do zero. Houve antes um árduo processo, com diversos obstáculos e erros, até a sua concepção. E, dependendo da complexidade do produto, são inúmeras tecnologias que precisam estar prontas para o sucesso comercial deste produto. Nós não teríamos nossos notebooks se não fosse a evolução da bateria e de diversos componentes eletrônicos que o integram, gerando leveza, compacidade e autonomia.

Isto também é verdade para inovações em serviços. O que seria da Uber sem a internet móvel, smartphones, apps e o GPS?

Outro ponto importante é que as inovações surgem a partir de uma combinação de ideias cujo desafio está em resolver um problema. E as mesmas peças utilizadas para resolver determinado problema podem ser reutilizadas e aplicadas para a solução de um problema diferente.

A história do laser é um caso interessante, pois foi necessário percorrer um longo caminho até a sua criação. Se não fossem as importantes contribuições de Max Planck em 1900, Albert Einstein em 1914, Nikolai G. Basov e Charles H. Townes em 1955 e Gordon Gould em 1957, não teríamos esse importante instrumento até hoje. Mas foi Theodore H. Maiman o primeiro a patentear uma versão bem-sucedida de um dispositivo a laser completo em 1960, sendo ele o primeiro de muitos mais por vir. Atualmente, as aplicações do laser são inúmeras: nas telecomunicações, na transmissão de dados pela internet, na holografia, em scanners de código de barras, em dispositivos médicos, em canetas laser e muito mais. A primeira aplicação do laser na medicina ocorreu em 1961, como uma mera substituição de equipamentos da oftalmologia. A substituição da lâmpada de xenônio por um laser trouxe fabulosos benefícios para os tratamentos dos olhos. O procedimento foi mais rápido e consideravelmente mais confortável para o paciente, gerando o sucesso de sua aplicação na medicina.

Portanto, a inovação é resultado de um processo de combinação de coisas que já existiam antes. Como se fosse um quebra-cabeças, a imagem final só é obtida quando todas as peças existentes forem encaixadas da forma correta.

▼▼▼ FIGURA 1.4: O Quebra-Cabeças da Inovação.

Fonte: https://pixabay.com/pt/puzzle-compartilhar-concordar-1261138/

Os exemplos citados aqui tiveram grande êxito em suas vendas, mas sabemos que nem sempre é assim. A incerteza no desenvolvimento de uma nova tecnologia existe, e as organizações assumem esse risco com a esperança de que dê certo e gere crescimento econômico. Apesar de ser um jargão, poucos usam a palavra da forma correta e poucos conseguem de fato inovar, ou seja, chegar no mercado e lucrar.

Mas o fato é que não podemos achar que a inovação é um processo certo e fácil, e ignorar que as chances de ela ficar no vale da morte (Figura 1.5) são reais e altas. O vale da morte refere-se às etapas mais árduas e caras num processo de inovação: desenvolvimento e demonstração.

▼▼▼ FIGURA 1.5: O Processo de Inovação e o Vale da Morte.

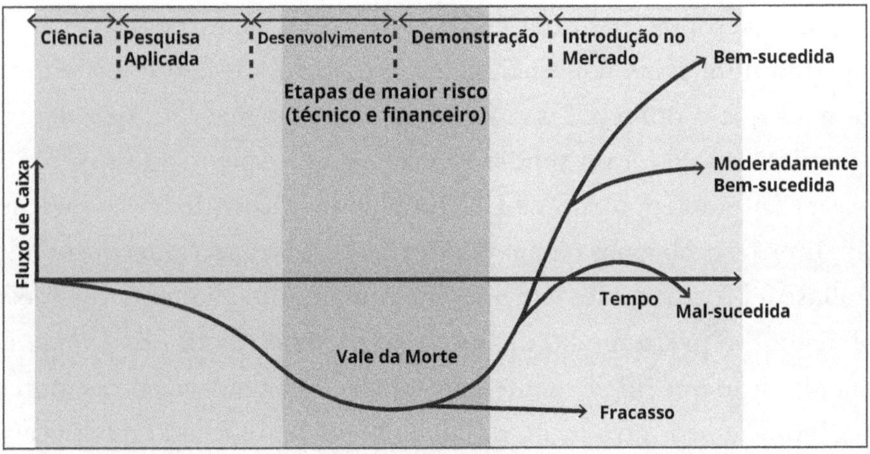

Adaptado da Embrapii

Boa parte dos projetos tecnológicos e científicos no Brasil não alcança o mercado por não conseguir sobreviver ao fenômeno conhecido como *Vale da Morte*. Ele representa as atividades relacionadas ao desenvolvimento de um conceito até seu MVP (*Minimum Viable Product*, ou Produto Mínimo Viável) e a sua exploração no mercado. É nesse momento crítico que muitos projetos morrem sem nunca amortizar o investimento realizado. Veja mais sobre produto mínimo viável no Capítulo 4.

A inovação representa a chegada de um produto ou serviço novo ao mercado, passando pelo vale da morte, e na batalha pelo seu sucesso frente à inerente concorrência. Caso seja um insucesso, seu tempo de vida no mercado será curto.

Um exemplo histórico foi o primeiro carro elétrico disponibilizado no mercado na década de 1990 pela GM, o EV-1. O documentário *Who Killed the Electric Car?* (Quem Matou o Carro Elétrico?) mostra que, além das limitações técnicas, tal inovação tinha um forte sabotador: a indústria do petróleo.

Outro famoso exemplo foi o avião comercial supersônico franco-britânico *Concorde*, introduzido no mercado em 1969, com capacidade entre 92 e 128 assentos. A duração de um voo do aeroporto JFK, em Nova York, até o aeroporto de Londres, Heathrow, era em torno de três horas, enquanto num avião convencional, a duração é de sete horas em média, mais que o dobro. Mas, com tamanha vantagem, por que de uma estimativa de 200 foram vendidos somente 14? Apesar do projeto *Concorde* ter custado em torno de US$1,8 bilhão (1976), ele foi ao mercado com diversos problemas técnicos: os principais foram o alto consumo de combustível e o barulho; era uma máquina muito ruidosa e altamente poluente. E o preço médio na época era de US$12 mil ida e volta. Foi uma inovação que infelizmente não conseguiu pagar seus investidores.

A inovação é a introdução de uma novidade, resultado da aplicação bem-sucedida de uma ideia. Para o grande economista Joseph Schumpeter (1982): "se não forem colocadas em prática, invenções são economicamente irrelevantes." Quando a ideia "sai" do papel, torna-se uma invenção, e, sendo percebida e aceita pelos seus usuários, torna-se uma inovação. A invenção passa a ser inovação após ser introduzida no mercado ou implementada nas operações das organizações.

Segundo o *Manual de Oslo* (2006), uma inovação é a implementação de um produto, um serviço ou um processo/método, seja ele novo ou significativamente melhorado.

Apesar de mais comum, não se deve considerar a inovação apenas de produtos e serviços, mas também de processos e métodos. Vale recordar a importância dos métodos japoneses de produção gerados após a Segunda Guerra Mundial e hoje difundidos no mundo todo. Foi através da observação do sistema de reposição dos varejistas, associada às necessidades de abastecimento de linhas de montagem, que surgiu a ideia de criar um novo método para a gestão de manufatura de veículos. Observou-se que os funcionários faziam um pedido de ressuprimento quando um item estava quase esgotando. O processo de entrega "*just-in-time*" da loja de conveniência levou os engenheiros da Toyota a repensarem seus métodos e a desenvolverem uma nova abordagem, o sistema Kanban. Esse sistema de controle visual, que combina estoque e demanda, resultou numa expressiva redução de estoque para a empresa e níveis mais altos de qualidade. Em 1953, treze anos após sua criação, o método já era encontrado em toda a operação da Toyota.

Um sucesso de serviço que podemos citar é a enciclopédia online *Wikipédia*. Quem nunca fez uma pesquisa nessa brilhante plataforma? A ideia inicial era que apresentasse um conteúdo escrito por um especialista e revisto por um processo formal. Mas esse modelo enfrentava um grande problema: a falta de velocidade na geração de conteúdo. Nos primeiros seis meses, apenas dois artigos foram publicados na plataforma, na época denominada Nupedia. Para estimular uma melhor produção, Larry Sanger, um dos criadores, sugeriu que qualquer um pudesse colaborar na edição dos artigos, sem revisão editorial.

A Wikipedia.com foi ao ar em 15 de janeiro de 2001, e o novo modelo foi bem aceito. Até o final do primeiro ano, a enciclopédia virtual já continha mais de 20 mil artigos em 18 idiomas. A empresa cresceu exponencialmente, contando com milhares de colaboradores que escrevem, editam e policiam a enciclopédia. Atualmente, possui em torno de 40 milhões de artigos e 35 milhões usuários (Wikipédia, 2018). É possível considerar a Wikipédia uma inovação! E, por causa desse sucesso, a fundação Wikimedia, responsável pelo gerenciamento das doações, recebeu a ordem de US$91 milhões em 2017 (Wikimedia Foundation, 2018). O segredo do sucesso de um advento está na sua adoção. E por que adotamos com tanta facilidade a Wikipédia? Pela rapidez no tempo de busca de uma informação, pela variedade de informações e pelo custo zero para os usuários. Antes, era necessário comprar diversas enciclopédias a um custo elevado, agora, basta um aparelho conectado à internet.

Para terem êxito, as inovações precisam proporcionar um ganho ou uma melhora perceptível para o usuário final.

Uma Inovação Depende de uma Invenção

A invenção é a descoberta ou a criação de algo novo, decorrente de um estudo ou experimento. O inventor do xarope da Coca-Cola, o farmacêutico e coronel confederado, John Pemberton, ferido durante a Guerra Civil Americana, usava morfina para ajudar nas suas dores, substância na qual se viciou. Na busca por soluções alternativas, Pemberton começou a realizar experimentos com a folha de coca e a noz da cola, os dois principais ativos do refrigerante. O resultado dessa busca foi a descoberta do xarope mais famoso do mundo. Adicionando água carbonatada num copo com o xarope, você tem a famosa bebida, que era vendida a 5 centavos de dólar o copo. No começo, era comercializada como uma bebida medicinal e só era possível encontrá-las nas farmácias (Allen, 1994).

Era impossível imaginar o impacto dessa invenção, que se tornou uma das bebidas mais consumidas no mundo.

Não existe impacto econômico para tecnologias que não são colocadas no mercado (são somente invenções).

▼▼▼ FIGURA 1.6: Inovação como Resultado da Invenção Mais sua Aceitação no Mercado.

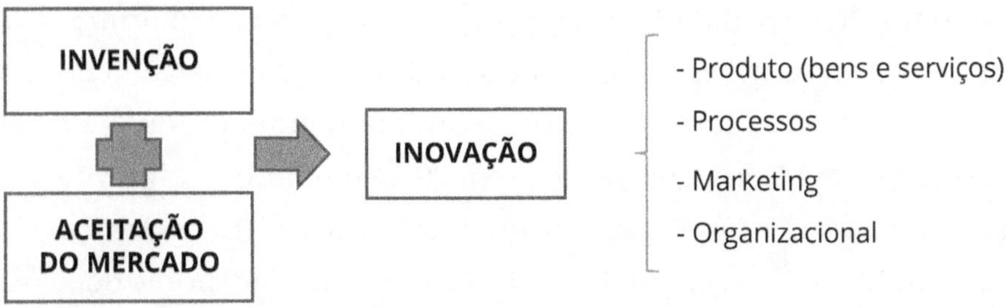

Fonte: Elaborado pelas autoras

O *Manual de Oslo* (2006) separa a inovação em quatro tipos, conforme apresentados a seguir.

1. Uma inovação de **produto** é a introdução de um bem ou serviço novo ou significativamente melhorado no que concerne às suas características ou usos previstos. Incluem-se melhoramentos significativos em especificações técnicas, componentes e materiais, softwares incorporados, facilidade de uso ou outras características funcionais.
2. Uma inovação de **processo** é a implementação de um método de produção ou distribuição novo, ou significativamente melhorado. Incluem-se mudanças significativas em técnicas, equipamentos e/ou softwares. Lembre-se de que produção são as etapas de transformação necessárias para composição do produto final. Já a distribuição está relacionada à necessidade de escoar a produção até o local de consumo. Uma inovação de processo relacionada à distribuição foi a criação do *cross-docking*.
3. Uma inovação de **marketing** é a implementação de um novo método de marketing com mudanças significativas na concepção do produto ou em sua embalagem, posicionamento, promoção ou na fixação de preços. A tendência de aumento do uso das mídias sociais, como Facebook, Instagram, Youtube, entre outras, como canal de comunicação gerou uma série de mudanças que influenciaram as organizações a adaptarem suas estratégias de comunicação com seus consumidores para a propagação de uma marca. O comunicar deixou de ser uma função realizada apenas por um profissional da área para ser parte de um meio em que todos têm o mesmo poder para informar, criticar, opinar e divulgar.

Assim como os meios de comunicação, as empresas estão investindo em novas embalagens. Ninguém vai para um encontro formal vestindo uma roupa de lazer ou de uso caseiro. Não criará uma boa primeira impressão, certo? Um design diferenciado das embalagens aumentará as chances de chamar atenção dos consumidores para o produto e causar efeito. A gigante Coca-Cola lançou, em 2016, um novo refrigerante chamado *Coca-Cola life* (no Brasil, *Coca-Cola com stevia e 50% menos açúcares*) para atender aos consumidores que queriam taxas menores de açúcar na bebida. A maior mudança na embalagem foi sua cor, trocando do tradicional vermelho para o verde. Já o conteúdo é completamente diferente, uma nova fórmula foi introduzida no mercado.

A Nestlé, por sua vez, busca sempre inovar nas suas embalagens de leite Moça, trazendo design (lata acinturada, por exemplo), material (plástico com abridor) e tamanhos diferentes (versão menor); porém, o conteúdo em si é o mesmo.

4. Uma **inovação organizacional** é a implementação de um novo método que gere um aumento no desempenho da organização, seja no local de trabalho ou em suas relações externas.

Os países que entenderam o processo apresentado na Figura 1.6 iniciaram um planejamento em Pesquisa e Desenvolvimento (P&D).

Uma pergunta que não quer calar: Por que as nações passaram a investir massivamente em programas estruturados de P&D?

Todo o programa de P&D tem duas fortes bases: ciência e tecnologia. A promoção correta dessas duas bases tem gerado grandes avanços. Lembrando que o desenvolvimento científico alavanca o desenvolvimento de novas tecnologias e de tecnologias já existentes, através de programas de P&D bem estruturados, e gera, como consequência, o crescimento econômico e social de um país.

Um dos grandes desafios da sociedade atual é criar um sistema capaz de gerar, aplicar e divulgar o conhecimento científico produzido, somado ao de transformar esse conhecimento em inovações tecnológicas. Desta forma, há de se criar uma sinergia entre as instituições e o governo para produzir os resultados desejados. "Uma andorinha só não faz verão", como diz o ditado. É fácil perceber que uma empresa, ou um conjunto delas, somente, não é capaz de criar um ambiente nacional favorável às atividades que estimulem o desenvolvimento tecnológico, portanto, é necessária a implementação de um sistema nacional de inovação capaz de articular e integrar os diversos atores.

Inovação nas Empresas

Se um país quer que suas empresas ou futuras empresas inovem, antes de mais nada, ele terá que criar uma estrutura sólida que gere um ambiente propício à inovação. A inovação tem sido vista como o principal motor do crescimento nas economias modernas (Rodríguez-Pose e Crescenzi, 2008).

A inovação é considerada essencial no fortalecimento da economia de um país, capaz de impulsionar a sua competitividade, sendo, portanto, considerada nas políticas estratégicas de Estado. E, para um país desenvolver essa capacidade, é necessário construir um ambiente favorável à geração de pesquisa e desenvolvimento, bem como de empresas que comercializarão as inovações criadas.

E quais são os fatores que ajudam a construir essa força motriz que impulsiona a inovação num país?

Segundo GII (2018), os principais fatores são os ambientes político, regulatório e de negócios favoráveis à criação de empresas, uma rede de educação de qualidade, uma infraestrutura de transportes e de comunicação e uma rede estruturada e conectada de institutos de P&D públicos e privados.

Tabela 1.1: Os 10 primeiros Países no Global Innovation Index 2018.

Ranking	País
1	Suíça
2	Noruega
3	Suécia
4	UK
5	Cingapura
6	Estados Unidos
7	Finlândia
8	Dinamarca
9	Alemanha
10	Irlanda

O país cria as condições, mas são nas empresas que as inovações se concretizam. Não nas universidades e institutos de pesquisa. Esses são os meios de desenvolvimento de uma tecnologia.

As parcerias entre institutos, universidades e empresas são fundamentais para o desenvolvimento tecnológico. Entretanto, é importante destacar que é na empresa que os projetos de P&D se transformam em produtos e serviços inovadores, gerando riqueza.

As empresas alcançam a vantagem competitiva através de iniciativas inovadoras. Essas iniciativas devem ocorrer de forma sistematizada por meio de processos estabelecidos pela organização, os quais denominamos processos de inovação tecnológica. Eles são multifacetados e envolvem a integração de várias funções e parceiros. A seguir, a relação dos principais integrantes dos ambientes interno e externo à organização para a geração de inovação.

1. **Interno à empresa**

   Direção: Responsável pelas decisões, neste caso, pelas diretrizes de inovação e seleção de ideias.

P&D: Área que representa a pesquisa e o desenvolvimento na empresa.

Marketing: Responsável por criar valor e satisfação do cliente.

Operações: Responsável pelo processo de transformação dos insumos necessários em produtos ou serviços desejáveis.

RH: Responsável por preparar as pessoas para agregar valor aos negócios e torná-las mais competitivas.

Financeiro: Responsável por captar recursos financeiros (próprios ou de terceiros) e aplicá-los, garantindo a saúde financeira da empresa.

2. **Externo à empresa**

   Clientes: Consumidores atuais e potenciais da empresa.

   Fornecedores: Todos os integrantes da rede de suprimentos da empresa.

   Concorrentes: Diretos e indiretos.

   Instituições de pesquisa e universidades públicas e privadas: Corpo de pesquisadores e alunos com a competência necessária para o desenvolvimento científico e tecnológico das ideias selecionadas.

   Instituições de fomento: Responsáveis por financiar os capitais fixo e de giro e os programas de desenvolvimento científico e tecnológico (exemplos: Capes, CNPq, Fapesp, Finep, BNDES).

O processo busca estabelecer como as ideias são coletadas, analisadas, selecionadas, transformadas em inovação e lançadas no mercado ou aplicadas. Denominamos **funil de inovação**. Após o lançamento, ou a aplicação da inovação, é importante avaliar o seu sucesso. Ou seja, se houve a aceitação esperada do produto, serviço ou processo.

As ideias podem surgir no ambiente interno ou externo à empresa. Não se esqueça de que os fornecedores e os clientes devem ser tratados como se fossem parceiros da empresa, e suas ideias se diferenciam por apresentarem outro ponto de vista.

A **viabilidade** é o estudo que a empresa faz sobre o desenvolvimento da ideia quanto ao custo e ao prazo, principalmente. Uma ideia que custará muito além do que uma empresa está apta para pagar, ou terá um prazo de desenvolvimento que o mercado não permite, tende a ser descartada. Cada empresa pode construir um conjunto de critérios próprios e específicos para auxiliar a sua seleção. Uma vez selecionada a ideia a ser desenvolvida, a próxima etapa é a **capacitação**. Essa etapa é quando ocorre a transformação da ideia num produto, serviço ou processo, e deve contar com a participação das equipes de desenvolvimento (multidisciplinar) e dos integrantes externos da empresa. Você deve estar se perguntando: "Inclusive os concorrentes?" Sim, eles também podem participar do processo através de alianças estratégicas. Foi o que a Nestlé e a Coca-Cola fizeram no ano de 2001, criando a empresa Beverage Partners Worldwide (BPW) para desenvolver chás prontos.

A etapa seguinte é de **implementação** do produto, serviço ou processo no mercado ou na organização. Se for um produto ou serviço, a empresa deve preparar toda sua equipe de vendas, produção e logística para a inserção de um novo elemento no mercado. Às vezes, a empresa desenvolveu um produto perfeito, porém sua equipe de vendas não estava munida das informações necessárias para concretizar os negócios. Ou a logística não se planejou para fazer a distribuição correta para o lançamento do produto. Portanto, a implementação de um novo produto ou serviço deve ser muito bem orquestrada e o time operacional deve estar preparado para essa missão. Lembre-se de que a equipe de desenvolvimento é composta por todos os integrantes responsáveis pela transformação da ideia em produto, serviço ou processo: a equipe operacional são todos os integrantes responsáveis pela sua implementação.

▼▼▼ FIGURA 1.7: Funil da Inovação.

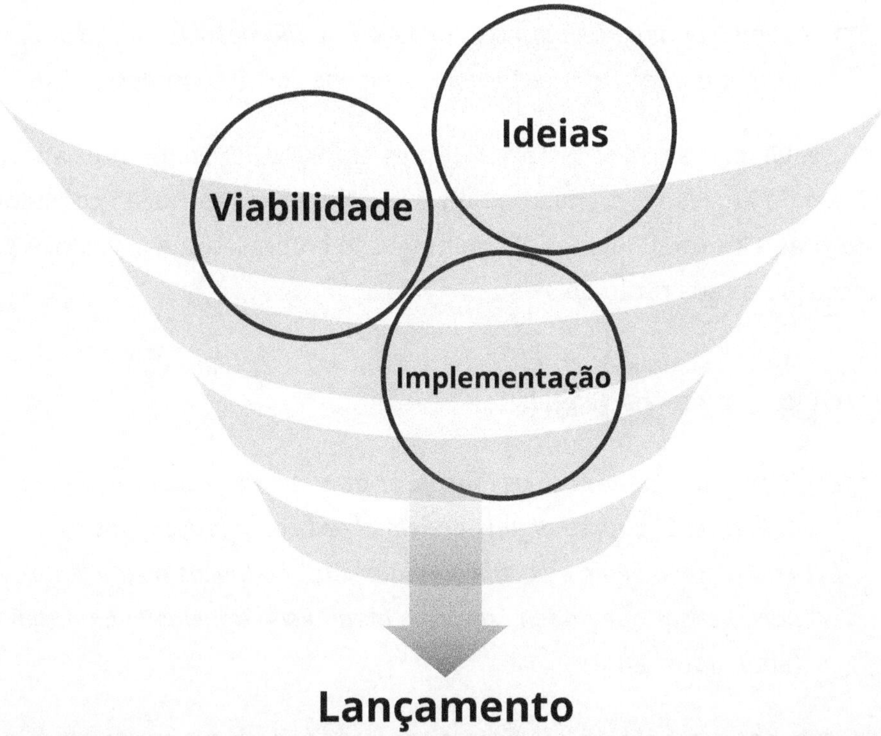

Fonte: Elaborado pelas autoras

No próximo capítulo, alinharemos o funil da inovação com os processos de inovação aberto e fechado.

▼▼▼

CASES DE SUCESSO

> *"O melhor antídoto para a estagnação é a inovação, a criação de produtos e serviços que tornam a vida melhor."* (Bloomberg, 2016)

A seguir, contamos as histórias de três empresas em diferentes épocas e áreas de atuação, porém com uma semelhança: a motivação constante para criar e inovar. Podemos afirmar que são empresas que incorporaram a inovação na sua razão de existir.

APPLE – STEVE JOBS

> *"Aqui é um lugar para os loucos, os que veem as coisas de forma diferente. Enquanto alguns podem vê-los como loucos, nós os vemos como gênios, porque pessoas que são loucas o suficiente para pensar que podem mudar o mundo são aquelas que o fazem."* (Steve Jobs, 2011)

Steve Jobs, símbolo de inovação e empreendedorismo, fundou a Apple Inc. numa garagem e foi o líder responsável por torná-la a empresa mais inovadora do mundo.

Jobs largou os estudos e fundou a Apple Computer com seu grande amigo Steve Wozniak em 1976. Um ano depois da invenção do Apple I, eles lançaram o Apple II, que teve grande sucesso, tornando a recém-criada empresa um importante ator na indústria de *Personal Computers* (PCs). Na década de 1980, Jobs se tornou o mais jovem multimilionário americano.

Por ter tornado a empresa de capital aberto, Jobs fez muitas inimizades com sua alta diretoria, perdendo sua força na administração. Mesmo com o sucesso do computador Macintosh, ele foi demitido em 1985. A saída de Jobs da Apple revelou que os processos de criação e a inovação ainda pertenciam ao fundador. O lucro da empresa foi caindo com a redução das vendas e o insucesso no lançamento de novos produtos. Em contrapartida, Steve

Jobs criou a NEXT, empresa para desenvolvimento de softwares. Depois de dez anos, a NEXT foi comprada pela Apple, trazendo-o de volta no cargo de consultor.

Em 1995, Jobs comprou a Graphics Group, em seguida renomeada como a famosa PIXAR, uma brilhante empresa de computação gráfica que havia criado o filme *Guerra nas Estrelas* e, em 1991, foi contratada pela Walt Disney Pictures para fazer o filme *Toy Story*.

No ano 2000, Jobs se tornou CEO da empresa, e a revolução na Apple se iniciou. Ele cortou vários projetos e focou produtos revolucionários. Um ano após o retorno de Jobs ao comando da Apple, dois produtos foram lançados: o iPod e o iTunes, que mudaram radicalmente o mundo da música digital. O sucesso absoluto desses dois produtos ajudou na criação dos próximos, em 2007 e 2010, respectivamente: o iPhone e o iPad. As ações da empresa valorizaram mais de 9.000% após o retorno de Jobs (Kollewe, 2011). Steve Jobs faleceu em 2011 e deixou sua marca na história da tecnologia moderna.

GE – THOMAS EDISON

"Eu não falhei. Apenas encontrei 10 mil maneiras que não funcionam." (Thomas Edison)

Logo após a Exposição Universal de 1876 que ocorreu na cidade da Filadélfia, nos Estados Unidos, para comemorar o centenário da assinatura da declaração de independência do país, Thomas Alva Edison abriu seu primeiro laboratório em Menlo Park, Nova Jersey. Lá, ele explorou, pela primeira vez, as possibilidades do dínamo e de outros dispositivos elétricos que tinha visto na exposição. E foi neste laboratório, em 1879, que ele gerou a maior invenção da época — uma lâmpada incandescente elétrica bem-sucedida. Em 1890, Edison fundou a Edison General Electric Company, agora pensando em comercializar sua miríade de invenções. Edison já tinha em torno de 600 patentes e, em 84 anos de vida, patenteou um número recorde de 1.093 invenções.

Durante um período de dois anos, um concorrente surgiu: a Thomson-Houston, do empresário Charles A. Coffin. Cientes do potencial de ambas as empresas em inovações tecnológicas, no ano 1892, Charles Coffin e Thomas Edison fundaram a General Electric, resultado da fusão destas duas empresas. A GE hoje se diversificou em produtos e serviços, atuando em 14 áreas: motores de aeronaves, distribuição elétrica, motores elétricos, energia, finanças, turbinas a gás, saúde, iluminação, locomotivas, óleo, software, água, armas e turbinas eólicas. Contando com o mesmo espírito de seus fundadores, a gigante GE mantém um corpo de engenheiros e cientistas comprometidos com seu slogan: *"Imagination at work"* (em português: "Se dá para imaginar, dá para fazer").

Assim, proporcionar um ambiente organizacional para que imaginação flua e criações sejam concretizadas em produtos e serviços é o desafio diário para que a GE continue sendo líder nos diversos segmentos que atua.

A empresa é considerada símbolo em inovação, e o resultado desse esforço e compromisso centenários é seu valor de mercado. Assim como Apple, a GE está na lista das 100 empresas mais valiosas do mundo. Sua receita, no ano de 2015, foi de US$116,76 bilhões, contando com 305 mil funcionários e com mais de 2.100 patentes registradas. "Queremos ser uma empresa que está em constante inovação, que reconhece e valoriza seu papel no mercado e na sociedade" (Jeff Immelt, CEO Global da GE).

3M – WILLIAM MCKNIGHT

"Gestões de críticas destrutivas costumam matar as iniciativas quando algum erro é cometido. E é essencial termos pessoas com iniciativa se quisermos continuar a crescer. Contrate bons funcionários e deixe-os em paz." (William McKnight)

A empresa Minnesota Mining and Manufacturing, hoje 3M, foi fundada em 1902 por cinco empreendedores com um objetivo muito claro: explorar depósitos de minérios. O que parecia ser uma grande ideia tornou-se um desastre, gerando grandes prejuízos. Três anos depois, a empresa mudou-se para a cidade de Duluth (EUA), onde iniciou atividades de produção de abrasivos. E, em 1910, ela transferiu-se novamente para St. Paul (EUA), para se aventurar num novo mercado: as lixas. O primeiro passo foi a construção de uma nova fábrica de lixa. Por fim, depois de muito dinheiro investido e de inúmeros erros, foi somente em 1916 que a empresa conseguiu gerar lucro para seus acionistas. Muitas ideias, paciência e perseverança foram os ingredientes fundamentais para o sucesso da 3M.

Segundo Walter Meyers (vice-presidente aposentado da 3M), os fundadores tinham uma fé inabalável no futuro da empresa, e mesmo perto da falência, continuavam investindo nela. O reconhecimento da melhoria da qualidade e da excelência da tecnologia, antes de muitas empresas, foram os diferenciais para que a 3M alavancasse seus negócios.

Em 1921, a empresa contratou três cientistas para liderar as pesquisas e o desenvolvimento de novos produtos. Entre eles estava Richard P. Carlton, que aceitou trabalhar para a 3M por 1/3 do que ganhava na época. Sem dúvida, o cientista acreditava no potencial da empresa e no suporte que ela lhe daria. Os três cientistas, Carlton, Richard G. Drew e Francis G. Okie, possuíam uma característica em comum: criar. Configuraram a 3M como uma empresa de inovação.

A seguir, apresentamos uma lista que a própria empresa disponibilizou com suas principais realizações:

- A primeira lixa à prova d'água do mundo, que reduzia a poeira durante a produção de automóveis, foi desenvolvida no início de 1920.
- Em 1925, o cientista Richard G. Drew inventou a fita de mascaramento — uma etapa inovadora para a diversificação e a primeira das muitas fitas adesivas sensíveis à pressão da marca Scotch®.

- Nos anos seguintes, o progresso técnico resultou na fita adesiva de celofane Scotch® para selar caixas e que, com o tempo, propiciou a descoberta de centenas de outras utilidades.
- No início dos anos 1940, devido à Segunda Guerra Mundial, a empresa desviou alguns de seus materiais e gerou novas soluções em produtos, como materiais refletivos Scotchlite™ para a sinalização de estradas, a fita magnética para a gravação de som, a fita adesiva de filamento e o início da participação da 3M no mercado das artes gráficas com lâminas para o processo litográfico de impressão.
- Nos anos 1950, a 3M introduziu o processador de cópia Thermo-Fax™, o protetor de tecido Scotchgard™, a fita de vídeo e as esponjas de limpeza Scotch-Brite®.
- Em 1960, o microfilme Dry-silver foi introduzido no mercado, junto com produtos voltados para a indústria de fotografia e papéis sem carbono.
- Nos anos 1970 e 1980, os negócios da 3M expandiram-se nas áreas de farmácia, radiologia e controle da energia.
- Nos anos 1980, a 3M introduziu o bloco de recados adesivos Post-it®, criando uma nova categoria de produtos no mercado com grande sucesso de vendas.
- Nos anos 1990, as vendas globais alcançaram a marca de US$15 bilhões. A 3M continuou a desenvolver uma grande quantidade de produtos inovadores.
- Em 2004, as vendas globais alcançaram, pela primeira vez, a marca de US$20 bilhões com as inovações mais recentes, que incluíam o bloco de recados Post-it® Super Sticky, a fita adesiva transparente Scotch® e as películas ópticas para televisões LCD.
- Em 2008, os respiradores 3M foram os primeiros a serem aprovados pela *Food and Drug Administration* dos Estados Unidos para uso pelo público em geral durante a epidemia da gripe influenza.

- Em 2009, o negócio de saúde introduziu o estetoscópio eletrônico Littmann 3200, um dispositivo de auscultação de última geração com tecnologia bluetooth que transfere, por exemplo, os sons do coração ou do pulmão para um software, onde serão analisados posteriormente. Esses estetoscópios têm permitido, com sucesso, que médicos possam estudar pacientes em áreas rurais distantes e até um astronauta na Estação Espacial Internacional.
- Em 2012, a Divisão de Energia Renovável e a Gossamer Space Frames revelaram a maior célula de captura de energia solar usando o 3M™ Solar Mirror Film 1100.
- Em 2013, a 3M superou os US$30 bilhões em vendas ao redor do globo.
- No ano 2015, cientistas e pesquisadores da 3M conquistaram a patente número 100 mil.

A 3M se tornou uma empresa complexa, tendo que administrar um portfólio de milhares de produtos de diferentes segmentos e mantendo seu grande desafio: continuar inovando.

LIÇÕES APRENDIDAS

No Capítulo 1, você aprendeu que:

- A inovação é resultado de um processo de combinação de coisas que já existiam antes, como se fosse um quebra-cabeças: a imagem final só é obtida quando todas as peças existentes forem encaixadas da forma correta.
- Um invento só se transforma em inovação quando inserido com sucesso no mercado, ou seja, quando o produto ou o serviço for aceito pelo mercado, gerando impacto econômico positivo para a organização. Lembre-se de que esta é a grande diferença entre inovação e invenção.
- A grande barreira da inovação é o vale da morte, composto pelas etapas de desenvolvimento e demonstração. Mas antes uma má ideia morrer no vale da morte do que chegar a ser inserida no mercado, gerando um grande prejuízo econômico para empresa, podendo até mesmo levá-la à falência.
- Uma inovação de **produto** é a introdução de um bem ou serviço novo ou significativamente melhorado no que concerne às suas características ou usos previstos. Incluem-se melhoramentos significativos em especificações técnicas, componentes e materiais, softwares incorporados, facilidade de uso ou outras características funcionais.
- Uma inovação de **processo** é a implementação de um método de produção ou distribuição novo ou significativamente melhorado. Incluem-se mudanças significativas em técnicas, equipamentos e/ou softwares. Lembre-se de que produção são as etapas de transformação necessárias para a composição do produto final, e, se é possível fazer o produto ou executar o serviço de uma forma mais eficiente e eficaz, existe aí uma potencial inovação de processo.
- A inovação é considerada essencial no fortalecimento da economia de um país, capaz de impulsionar a sua competitividade sendo, portanto, considerada nas políticas estratégicas de Estado.

REFERÊNCIAS BIBLIOGRÁFICAS

3M. A Century of Innovation: The 3M Story. 2002. ISBN 0-9722302-1-1.

Albuquerque, E. M. **Sistemas Nacionais de Inovação e Desenvolvimento**, Revista Diversa, 5(10), 2006.

Andrews, Evan. **11 Innovations That Changed History**. 2012. Disponível em http://www.history.com/news/history-lists/11-innovations-that-changed-history. Acesso em 23/08/2016.

Berkun, S. **The Best Definition of Innovation,** 2013. Disponível em: http://scottberkun.com/2013/the-best-definition-of-innovation/. Acesso em 02/10/2016.

Bloomberg. **The Bloomberg Innovation Index**. Disponível em: http://www.bloomberg.com/news/articles/2016-01-19/these-are-the-world-s-most-innovative-economies. Acesso em: 28/08/2016.

Cassiolato, J. E., Lastres, H. M. M. **Sistemas de Inovação e Desenvolvimento:** as implicações de política. São Paulo Perspec. [online], 19, n.1, 34-45, 2005. Disponível em: http://dx.doi.org/10.1590/S0102-88392005000100003. Acesso em: 02/10/2016.

Devezas, T. C. **Teoria da Inovação**. Notas de Aula da disciplina MB-240 lecionada no ITA, 2016.

Farina, C., Preissl, B. **Research and Technology Organisations in National Systems of Innovation**. German Institute for Economic Research Discussion Paper, 2000. Disponível em: http://www.diw.de/deutsch. Acesso em: 02/10/2016.

Furman, J. L., Porter, M. E., Stern, S. The determinants of national innovative capacity, **Research Policy**, 31, 899–933, 2002.

GII - **The Global Innovation Index 2015**: Effective Innovation Policies for Development, 2015. Disponível em: https://www.globalinnovationindex.org/content/page/gii-full-report-2015. Acesso em: 02/10/2016.

Godin, B. **Innovation:** the History of a Category, Project on the Intellectual History of Innovation Working Paper, 1, 2008. Disponível em: http://www.csiic.ca. Acesso em: 02/10/2016.

Julia Kollewe. **The Guardian**. https://www.theguardian.com/technology/2011/oct/06/apple-stock-steve-jobs. Acesso em 02/10/2016.

Manual de Oslo. **Diretrizes para Coleta e Interpretação de Dados sobre Inovação**. Paris: OECD. 3ª. Ed. 2006.

Metcalfe, S. and Ramlogan, R. Innovation systems and the competitive process in developing economies. **Quart. Rev. Econ. Finance**, 48 (2), 433-446, 2008.

Ozols, Andris, Janis Eglitis, and Elena Ozola. National innovation system of latvia and triple helix model of innovation development. **Economic Science for Rural Development Conference Proceedings**.31, 116-121, 2013.

Porter, Michael E. **Competição:** Estratégias Competitivas Essenciais. Rio de Janeiro: Campus, 1999.

Roberts, J. **O livro de Ouro da História do Mundo**. São Paulo: Ediouro, 2001.

Schumpeter, J. A. **Teoria do Desenvolvimento Econômico:** uma investigação sobre lucros, capital, crédito, juro e o ciclo econômico. São Paulo: Abril Cultural, 1982.

Wikipédia. **A História do Wikipédia**. Disponível em: https://pt.wikipedia.org/wiki/Hist%C3%B3ria_da_Wikip%C3%A9dia Acesso em23/08/2016

Yim, Deok Soon. **Korea's National Innovation System and the Science and Technology Policy**. Science and Technology Policy Institute (2006).

GE. **Thomas Edison e a GE**. http://www.gelighting.com/LightingWeb/na/consumer/about/history-of-ge/thomas-edison-and-ge.jsp. Acesso em 02/10/2016.

CAPÍTULO 2

O Processo de Inovação

Segundo a pesquisa *O Mapa da Inovação no Brasil*, 49% dos líderes empresariais entrevistados consideram necessário implementar ou melhorar as metodologias e os processos que promovam inovação. Exatamente, empresas líderes no mercado brasileiro alegam falhas ou até a inexistência de um processo que contribua para inovação.

A inovação não acontece por acaso. Ela é resultado de um processo árduo, de um acerto dentre diversos erros. Mas o entendimento dos mecanismos, e do funcionamento da geração da inovação, facilitará as decisões necessárias para minimizar os erros, o custo e o tempo para obtenção de resultados mais eficientes.

Inovação *versus* Invenção

Por que determinados indivíduos são capazes de gerar novas ideias e outros não?

Os inovadores são indivíduos dotados de criatividade e talento. As novas ideias devem ser objetivas e concretas, e não romances do seu criador. Suas numerosas descobertas e invenções são possíveis graças à sua capacidade de concretizar seu conhecimento. Steve Jobs, apesar de ter uma boa equipe, é reconhecido pela invenção de um produto que revolucionou os aparelhos de comunicação: o iPhone. Os smartphones até então não tinham tela sensível ao toque (*touchscreen*) e o software não era prático e fácil de usar (*not user friendly*). Foram necessários mais de três anos de trabalho duro para a Apple anunciar o seu primeiro smartphone com tela *touchscreen* e *user friendly*, em 2007. Ninguém tem dúvidas sobre o seu sucesso; a Apple nunca fez tanto dinheiro.

Segundo dados do portal Statista (2018), desde 2007, ano do lançamento do iPhone, até 2018, já foram vendidos 216,76 milhões de unidades em todo o mundo. Sem dúvidas, o conhecimento que o time da Apple já tinha com o sistema iOS, somado ao iPod, facilitou o processo de inova em smartphones. Mas foi preciso um visionário para olhar a tendência e tomar uma decisão sobre onde investir. Esse visionário foi Steve Jobs, o fundador da empresa.

Você pode ficar surpreso, mas quem inventou e patenteou o primeiro tocador digital foram dois ingleses, Kane Kramer e James Sebastian Campbell, no ano de 1981. A invenção chegou a ser desenvolvida e o aparelho foi batizado de *IXI system*. O dispositivo chegou a ser exposto ao público em 1988 na exibição da APRS (*Association of Professional Recording Studios* [Associação dos Profissionais de Estúdios de Gravação]), na Inglaterra, porém sua inserção no mercado não foi possível naquela época, pois, além de muito caro, ele tinha capacidade para armazenar apenas cinco minutos de música. Vinte anos após a invenção, apareceu o inovador Steve Jobs, que foi capaz de pegar uma ideia e concretizá-la num produto desejado por milhões de consumidores. Certamente, todo esse sucesso de vendas não seria possível sem a evolução tecnológica (software e hardware) e a redução do custo da tecnologia.

A eletricidade já era estudada por grandes cientistas desde o início do século XIX. Vários deles tentaram construir lâmpadas elétricas, porém a maior dificuldade era conseguir que o filamento da lâmpada não queimasse com o aquecimento provocado pela corrente elétrica. E, novamente, você poderá ficar surpreso, porque quem inventou e patenteou a primeira lâmpada não foi Thomas Edison, mas sim o inglês Joseph Swan, em 1860. No entanto, foi Edison que levou a fama por projetar uma lâmpada comercial. A lâmpada de Swan durava em torno de 13 horas, o que servia apenas para uma demonstração científica, mas a lâmpada que Edison e sua equipe desenvolveram, com filamentos derivados do bambu, durava em torno de 1.200 horas.

Observe que a invenção é considerada como a concepção de uma nova ideia ou de novos conhecimentos sobre produtos e processos, porém não é, necessariamente, incorporada ao processo produtivo, pois a viabilidade de sua comercialização dependerá da relação entre o custo de produção, os investimentos necessários à implantação do negócio e o volume da demanda do mercado a ser atendido. A inovação é a incorporação da invenção à atividade produtiva. Nos dois exemplos, as invenções ocorreram anos antes, porém incorporá-las a uma atividade produtiva e disponibilizá-las em larga escala no mercado dependeu das melhorias tecnológicas posteriores.

O inovador é aquele que consegue satisfazer as necessidades das pessoas, lançando produtos ou serviços que gerem entusiasmo e que sejam viáveis economicamente. Imagine a sensação das pessoas comprando pela primeira vez uma lâmpada para suas residências.

Os Ingredientes para a Inovação da Organização

Atualmente, para se sobressaírem no mercado, as organizações precisam estar preparadas com recursos humanos, físicos e financeiros para criar ideias e concretizá-las em produtos/serviços que atraiam seus clientes e os fidelizem.

Para isso, e para que elas possam surgir num fluxo contínuo nas organizações, são necessários alguns ingredientes. Para crescer economicamente, um país precisa de organizações que inovem constantemente.

Os principais ingredientes são: **investimentos em formação de capital humano, investimentos em P&D, estruturas de apoio para a gestão da inovação** e **consolidação de parcerias para o desenvolvimento de tecnologias**, conforme mostra a Figura 2.1.

▼▼▼ Figura 2.1: Os Ingredientes para Geração de Inovação.

Fonte: Elaborado pelas autoras

Pesquisa e Desenvolvimento (P&D)

Pesquisa e Desenvolvimento (P&D) compreendem o trabalho criativo e sistemático empreendido no sentido de aumentar o "estoque" de conhecimento — incluindo o conhecimento do homem, da cultura e da sociedade — e o usá-lo na busca por novas aplicações (OECD, 2015).

Segundo o *Manual de Frascati*, as atividades de P&D são compostas por três conceitos: Pesquisa Básica, Pesquisa Aplicada e Desenvolvimento Experimental.

1. A ***pesquisa básica*** refere-se ao trabalho experimental ou teórico realizado primordialmente para adquirir novos conhecimentos sobre os fundamentos de fatos ou fenômenos observáveis, sem o propósito de qualquer aplicação ou utilização. É o primeiro passo de qualquer descoberta.
2. A ***pesquisa aplicada*** refere-se à continuidade da investigação da pesquisa básica, realizada com a finalidade de obter novos conhecimentos, porém voltada para resolução de problemas concretos.
3. O ***desenvolvimento experimental*** é o trabalho sistemático com base no conhecimento existente, obtido através da pesquisa e experiência prática. Ele é dirigido para a produção de novos materiais e produtos, a instalação de novos processos, sistemas e serviços, ou a melhoria subs-

tancial daqueles já produzidos ou em operação. O desenho, a construção e os testes de protótipos fazem parte de uma importante etapa a ser realizada, pois sua validação comprova o sucesso nos investimentos realizados em P&D.

A evolução da microeletrônica é um exemplo que relaciona os três tipos de pesquisa. Foi o progresso na teoria física, junto com o desenvolvimento da mecânica quântica, realizado no início do século XX, que permitiram o desenvolvimento da microeletrônica. O acúmulo desse conhecimento básico gerou a oportunidade para que mais tarde, nos anos 1950, ele fosse aplicado de maneira objetiva no desenvolvimento da microeletrônica. Em 1958, o pesquisador J. Kilby apresentou o primeiro circuito integrado desenvolvido no laboratório do Texas Instruments.

Um centro de P&D, por mais simples que seja, depende de investimentos em infraestrutura (laboratórios, equipamentos, tecnologias da informação) e capital humano. Não são todas as organizações que conseguem consolidar um centro de P&D em razão de seus tamanhos e suas capacidades de investimento. Em organizações que não dependem tanto de laboratórios e equipamentos complexos e de alto custo, como as empresas digitais, por exemplo, o processo de P&D fica mais fácil. Porém, mesmo sendo uma organização pequena, ela deve pensar em construir um time que realiza P&D e, se possível, firmar parcerias com universidades e institutos de pesquisa para viabilizar seus desenvolvimentos.

Independentemente do tipo de P&D, privado ou público, ele deve ter estas três frentes de atividades funcionando de maneira coordenada: pesquisa básica, pesquisa aplicada e desenvolvimento experimental.

Desenvolvimento do Capital Humano Criativo

Ainda não existe um robô capaz de gerar inovação. Essa ainda é uma atividade exclusiva do ser humano. São as competências do capital humano das organizações que contribuem diretamente para a geração de um importante insumo da inovação: as ideias. Porém, como já apontado, não são todos que conseguem transformar ideias em novos produtos, serviços e processos.

Infelizmente, a taxa de inovação das empresas brasileiras é baixa. Segundo dados do MJV (2018), das 350 empresas entrevistadas no país, 85% realizaram pelo menos um projeto de inovação nos últimos 12 meses, porém apenas a metade possui um departamento de inovação ou um comitê multidisciplinar. Trinta e nove por cento apresentaram dificuldades para identificar líderes internos para gerenciar os projetos inovadores. Será que o processo de contratação está alinhado com as novas demandas?

Um dos desafios do país concentra-se no aumento da qualidade da formação acadêmica dos seus jovens, atendendo, ao mesmo tempo, aos conhecimentos necessários que as organizações buscam nos jovens profissionais.

Em contrapartida, as organizações brasileiras concentram-se no desenvolvimento do capital humano, transformando-o em massa crítica capaz de gerar inovações. Encontrar agentes de inovação passa a ser crítico nas organizações, e essa dificuldade está alinhada com a falta daquelas habilidades e competências.

O ser humano é dotado da força motriz da inovação: a criatividade. Ela é a capacidade de produzir um trabalho novo (original e inesperado), com qualidade e utilidade, na medida em que atende uma necessidade ou problema (Sternberg et al., 2003). Mas, para que as nossas potencialidades sejam estimuladas e desenvolvidas, o ambiente precisa ser favorável. O psicólogo húngaro Mihaly Csikszentmihalyi (1996) acredita que a criatividade é sistêmica, resultado do processo de interação entre os pensamentos individuais e o contexto sociocultural.

▼▼▼ Figura 2.2: Criatividade: Tirar as Ideias da Cabeça e Colocá-las em Prática.

Fonte: https://pixabay.com/pt/arte-pintura-cores-de-%C3%A1gua-recep%C3%A7%C3%A3o-1209519/

Por exemplo, um compositor contemporâneo pode ter habilidades e motivação semelhantes às do compositor francês Maurice Ravel, mas quem apresentar hoje o mesmo estilo de Ravel provavelmente não será considerado criativo. Compositores como o francês vivenciaram um ambiente totalmente favorável à criação de algo novo, o impressionismo. A criatividade deve ser somada a um ambiente propício, a um *pool* de inovações, seja numa empresa, numa cidade ou num país.

Um importante ingrediente é a curiosidade: pessoas criativas são curiosas. Elas buscam respostas para coisas já existentes. O ponto de interrogação faz parte da sua existência, assim como a necessidade de respostas, que talvez não sejam imediatas, mas a pessoa curiosa correrá atrás. Georges de Mestral inventou o velcro como solução para as rebarbas que encontrou em suas roupas depois de uma caminhada.

Para a construção dessa massa criativa de pessoas, a organização deve identificar, atrair, reter e desenvolver os seus talentos, considerando as competências individuais e as futuras competências. As competências humanas necessárias podem ser desenvolvidas por meio de treinamento interno ou adquiridas através do processo de contratação. Mas antes das organizações iniciarem um processo de treinamento ou contratação de pessoas, elas devem identificar as habilidades e conhecimentos necessários no seu centro de P&D.

Uma técnica cada vez mais comum para o aprendizado tácito e informal é o *learning by doing* (aprender fazendo). Essa técnica valoriza o aprendizado de um novo conhecimento através da experiência prática e de erros que acontecem durante o processo. É uma técnica na qual você coloca a mão na massa e aprende com os erros e os acertos.

Suponha que você nunca fez um macarrão à bolonhesa e precise aprender para oferecer num jantar. Como imagina preparar tal prato? Existem duas maneiras de aprender. Uma é ler livros de receitas, ver vídeos na internet de como fazê-las, pegar dicas com amigos e familiares e, quando tiver uma boa base teórica, partir para a prática, ou seja, para a cozinha. A segunda maneira é ir direto para a prática: conforme lê a receita selecionada ou assiste a um vídeo online, vai preparando-a. É importante não fazer isso no dia do jantar, você com certeza não gostaria de aprender com seus erros no dia do evento.

Estrutura de Apoio à Gestão da Inovação

Não basta ter uma bela equipe de P&D e toda uma infraestrutura se não houver uma estrutura de gestão da inovação tecnológica que coordene e mobilize recursos junto aos parceiros internos e externos a fim de explorar ao máximo as oportunidades.

Essa estrutura tem a finalidade de auxiliar a definição da estratégia de inovação, ou seja, quais produtos, serviços ou processos são ou serão considerados, como serão desenvolvidos (recursos físicos, financeiros e tecnológicos) e quais serão os responsáveis pelo seu desenvolvimento. Ela também realiza o acompanhamento do desenvolvimento tecnológico, por meio do monitoramento do ambiente tecnológico, ou seja, levantando o que os concorrentes estão desenvolvendo e garantindo o alinhamento das estratégias corporativas com as estratégias de inovação.

Conger (1999) apontou que os líderes devem ser os grandes defensores da inovação. Portanto, o sucesso da implementação de uma equipe que faça a gestão da inovação está no apoio da alta gestão. Essa equipe, bem formada, deve trabalhar focada no Business Model. O modelo de negócio da empresa é o mapa que a ajuda a entender e atender sua razão de existir. No Capítulo 4, abordaremos o Canvas como um instrumento ideal para criação de modelos de negócios.

Parcerias de Desenvolvimento de Tecnologia

As organizações realizam parcerias estratégicas, unindo suas competências para o desenvolvimento conjunto de tecnologias. Essas parcerias, se bem conduzidas, reduzem os custos de desenvolvimento, dividem os impactos de eventuais riscos e favorecem a multidisciplinaridade. Elas podem ser entre organizações públicas, privadas e públicas em conjunto ou privadas.

As parcerias entre organizações públicas e instituições de ensino, principalmente universidade e institutos de pesquisa, ocorrem com frequência em países desenvolvidos, nos quais existe uma gestão da inovação a nível nacional e regional bem estruturada. Nesse caso, procura-se otimizar o uso de recursos públicos e o potencial de conhecimento instalado para promover o desenvolvimento científico e tecnológico, principalmente onde não há ainda interesse das empresas privadas, por estar muito incipiente. As parcerias também acontecem internacionalmente. Um exemplo disso é o desenvolvimento do microssatélite ITASAT-1. O satélite de pequeno porte está sendo desenvolvido em parceria com universidades e institutos de pesquisa brasileiros e estrangeiros, tais como ITA (Instituto Tecnológico de Aeronáutica), UNIFESP (Universidade Federal de São Paulo), INPE (Instituto Nacional de Pesquisas Espaciais), AEB (Agência Espacial Brasileira) e TU Berlim (Universidade Técnica de Berlim), com o objetivo de capacitar recursos humanos para projetos de aplicação espacial. Mesmo sendo um satélite de apenas 8kg, existe um conjunto multidisciplinar de pessoas envolvidas no seu desenvolvimento, utilizando, para esse fim, recursos físicos (laboratórios) do INPE e do ITA e recursos financeiros da AEB. Normalmente, essas parcerias são realizadas nas esferas de pesquisas básica e aplicada.

A parceria entre organizações públicas e privadas é uma via de mão dupla, a qual é realizada com duas finalidades:

1. Levar para instituições de ensino e pesquisa as necessidades de desenvolvimentos tecnológicos para suprir demandas concretas, ou seja, um caminho para comunicar a aplicabilidade das pesquisas e torná-las relevantes do ponto de vista de desenvolvimento social e econômico.
2. Levar para as organizações privadas resultados do desenvolvimento das pesquisas básicas e aplicadas para verificar possíveis aplicabilidades e parcerias para o desenvolvimento tecnológico.

Essas parcerias vêm ganhando força e derrubando paradigmas no processo de desenvolvimento tecnológico, um dos quais diz que tudo deveria ser realizado dentro da empresa a sete chaves. O reconhecimento da existência de centros de pesquisas espalhados pelo mundo, e de um expressivo capital intelectual fora dos laboratórios de P&D das grandes empresas, ajudou-as a abrirem seus centros de pesquisas para realizar cooperações com outras empresas. Henry Chesbrough, em seu livro *Open Innovation: The New Imperative for Creating and Profiting from Technology* (*Inovação Aberta: O Novo Essencial para Criar e Lucrar com a Tecnologia*, em tradução livre) de 2003, cunhou o famoso conceito de *Open Innovation* (Inovação Aberta, em português) para explicar tal fenômeno de cooperação entre organizações para o desenvolvimento em parceria de uma tecnologia, que se fortalecia na época.

Inovação Fechada *versus* Aberta

A inovação é um processo que, tradicionalmente, os funcionários das empresas desenvolviam no seu próprio centro de P&D. Esta típica abordagem, denominada inovação fechada, ou, em inglês, *closed innovation*, na qual a maior parte do desenvolvimento tecnológico era realizada dentro da organização, mudou com o surgimento de um novo paradigma: a inovação aberta, ou, em inglês, *open innovation*. Frente aos novos desafios tecnológicos, à globalização e à rapidez de respostas, que necessária devido ao acirramento da competitividade, esse novo conceito implica numa parceria externa no processo de inovação.

Inovação Fechada

O termo **inovação fechada** foi uma consequência do uso do termo **inovação aberta**, que ajudou a classificar muitas organizações que utilizavam, ou utilizam até hoje, um processo fechado de geração de inovação. A inovação fechada limita o uso e a aplicação do conhecimento somente ao âmbito interno da organização, fazendo pouco ou nenhum uso do conhecimento de fora da organização. Acredita-se que na organização exista toda a competência e o conhecimento necessários para o desenvolvimento de determinado produto ou serviço. Portanto, a abordagem fechada da inovação está essencialmente focada nas capacidades internas da organização, sendo que somente no P&D interno é que podem transcorrer as etapas do funil de inovação (Van der Meer, 2007). A Figura 2.3 exibe o funil da inovação num processo fechado. Ela mostra um exemplo do funcionamento clássico do funil da inovação realizado dentro dos limites da organização. As etapas de Pesquisa e Desenvolvimento ocorrem sempre dentro da empresa, onde os projetos são selecionados do campo da pesquisa para o de desenvolvimento e inserção no mercado, com base na sua viabilidade e aceitabilidade pelo mercado.

▼▼▼ Figura 2.3: Funil Clássico da Inovação – Inovação Fechada.

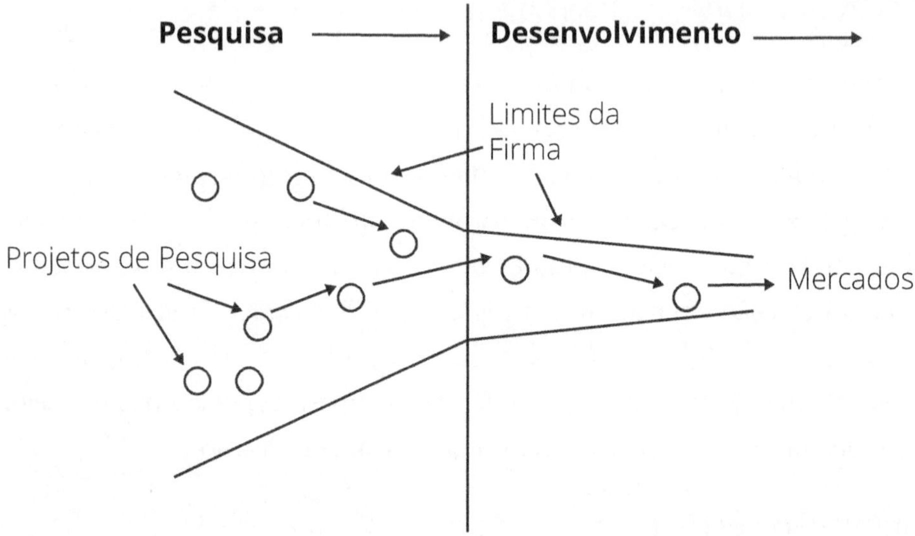

Fonte: Chesbrough, 2003

Dessa forma, a empresa acredita que a inovação precisa ser controlada e realizada pela sua equipe de P&D, em todas as suas etapas, desde a definição do problema ou necessidade, a geração e seleção de ideias até a engenharia (prototipagem) e os testes. Esse modelo requer intensivo investimento em contratação de pesquisadores e laboratórios próprios para que o conhecimento seja concentrado internamente, pois são considerados estratégicos.

Inovação Aberta

O termo **inovação aberta** (*open innovation*) foi criado pelo professor Henry Chesbrough em 2003, após anos de experiência no mundo corporativo e acadêmico. Entende-se que o conhecimento é difundido, e não concentrado. Henry Chesbrough percebeu que existiam grandes competências fora da organização que elas estavam desprezando. É muito difícil concentrar todas as melhores mentes de um assunto em uma única organização (iTec, 2016). A necessidade de intensificar o elo entre universidades e institutos de pesquisas com as empresas para melhor aproveitamento das competências foi o gatilho para a proposta do professor.

O **sistema aberto de inovação** proporciona uma combinação de ideias internas e externas, bem como caminhos internos e externos para o desenvolvimento de novos produtos e serviços para atender o mercado de forma mais rápida e eficiente. Se existe uma forma mais rápida, barata e que pode gerar melhores produtos ou serviços, sem dúvida essa organização terá um diferencial competitivo.

A inovação aberta é o uso intencional de entradas e saídas de conhecimento para acelerar a inovação interna e expandir os mercados pela utilização externa da inovação. A finalidade das empresas é, através de **parcerias externas**, melhorar o desenvolvimento de seus produtos ou serviços.

Os principais benefícios ao utilizar ferramentas e métodos da inovação aberta são:

1. Habilidade de alavancar a área de P&D com investimentos de terceiros.
2. Expansão da capacidade para gerar novas ideias e tecnologias.
3. Oportunidade de redirecionar recursos internos para outras atividades.
4. Potencialização do retorno sobre os investimentos em P&D, através do licenciamento de patentes subutilizadas.
5. Maior senso de urgência no trato das ideias ou tecnologias.
6. Capacidade de realizar pesquisas menos estratégicas com menos riscos e recursos.
7. Possibilidade de extensão e/ou diversificação do negócio, criando-se novas alavancas para crescimento.

As **universidades** ganham com esta abordagem, pois elas são demandadas por uma grande quantidade de estudos que irão motivar e melhorar a qualidade da formação dos seus alunos. E, para as empresas, a inovação aberta é mais lucrativa, uma vez que reduz custos, acelera o tempo de resposta de desenvolvimento e a disponibilização do produto no mercado, e pode trazer diferenciação frente aos concorrentes.

Para se tornar uma empresa que aplica a inovação aberta, é preciso que ocorra uma mudança na forma como a equipe de P&D trabalha, que deve fortalecer a parceria dentro da própria empresa com as áreas de vendas, produção, serviços de campo, entre outras, e estabelecer cooperações estratégicas com instituições de pesquisa, universidades, fornecedores e até mesmo clientes.

Podemos destacar alguns fatores-chave para o sucesso da inovação aberta, tais como: abertura para troca de conhecimento entre organizações; rede de colaboração e estratégias organizacionais. Quanto a este último fator, a empresa precisa saber aonde ela quer chegar com as ações de inovação aberta.

Observa-se na Figura 2.4 que o processo de inovação aberta pode ocorrer de duas formas: *outside in* e *inside out*. O primeiro caso é quando ideias e tecnologias externas são absorvidas pela empresa, ou seja, inseridas no processo de desenvolvimento tecnológico da empresa. E o segundo é quando ideias e tecnologias não foram empregadas, ou estão sendo subutilizadas na empresa, então são autorizadas a serem incorporadas nos processos de inovação de outras organizações, sob forma de venda de patente ou licenciamento. Os projetos também podem ser iniciados dentro da empresa, mas, num momento propício, serem desenvolvidos fora dela, por não se enquadrarem na estratégia da organização. O resultado desse processo de saída pode ser a geração de uma startup.

Startup é uma empresa criada para resolver um problema para o qual a solução ainda não foi totalmente encontrada e cujo sucesso não é garantido. Essas empresas, ainda em fase de desenvolvimento e pesquisa de mercados, normalmente de base tecnológica, têm espírito empreendedor e constantemente buscam por um modelo de negócio inovador, trabalhando em condições de alta incerteza. Conheça mais sobre as startups no Capítulo 4.

As principais saídas de um processo de inovação aberta podem ser em forma de novos produtos, serviços, spin-off e licença de patentes.

▼▼▼ Figura 2.4: Funil inovação – Inovação Aberta.

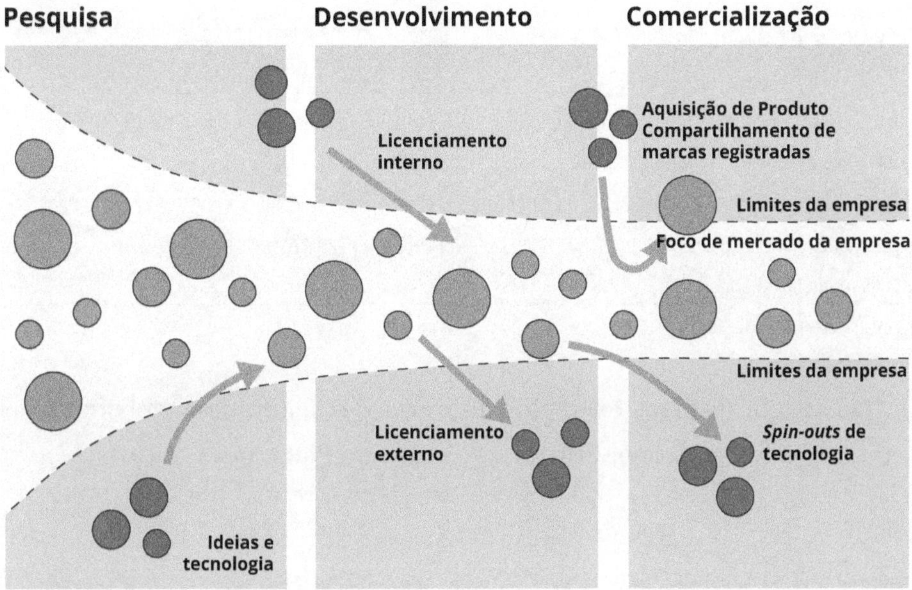

Fonte: Mortara, 2009

Spin-offs são tecnologias desenvolvidas por universidades ou institutos de pesquisas que foram transformadas em produtos ou serviços comerciais.

A Tabela 2.1 apresenta um resumo para ajudá-lo na diferenciação entre os dois tipos de inovação.

Tabela 2.1: Diferenças entre Inovação Fechada e Aberta.

Inovação fechada	Inovação aberta
O centro de P&D deve ter em seu quadro os melhores profissionais do mercado.	Nem todos os bons profissionais trabalham para a sua empresa. A empresa precisa de pessoas inteligentes que estão dentro e fora dela.
A própria empresa deve descobrir, financiar, desenvolver e comercializar suas próprias tecnologias.	P&D externo pode criar significativo valor; P&D interno é necessário para captar uma porção desse valor.
O primeiro a descobrir uma tecnologia é o primeiro a lançá-la no mercado.	Uma empresa não precisa ser a inventora de uma tecnologia para poder comercializá-la.
A empresa que lança a inovação no mercado primeiro tem maior vantagem.	Construir um modelo de negócios é melhor do que ser o primeiro a colocar a inovação no mercado.
A empresa líder em investimentos em P&D terá as melhores ideias e irá liderar o mercado.	Fazer melhor uso das ideias internas e externas é melhor do que criá-las.
Deve-se controlar o processo de inovação e toda a propriedade intelectual (PI) da empresa, assim os seus competidores não lucrarão com suas ideias.	Uma empresa deve saber fazer uso da propriedade intelectual de terceiros, assim como saber comercializar sua própria.

Fonte: Chesbrough (2003)

Já existem diversos exemplos de inovações sendo desenvolvidas utilizando o sistema aberto. Entre eles, o caso da Fiat e o da Natura.

CASE FIAT

Em 2009, a Fiat iniciou uma pesquisa envolvendo mais de 300 pessoas entre funcionários da fábrica, fornecedores e concessionárias para melhor compreender o processo de inovação na organização. Eles descobriram que a empresa praticava apenas inovações tecnológicas incrementais, o que era típico da indústria automotiva.

Durante a reestruturação do processo de inovação da Fiat, ela resolveu adotar algumas iniciativas em favor da inovação aberta. Nesse sentido, um grande passo foi o desenvolvimento do Fiat Mio, no qual foram envolvidos consumidores, que enviavam sugestões para o desenvolvimento de um novo carro através de uma plataforma aberta. O resultado pode ser visto neste vídeo: https://www.youtube.com/watch?v=8qJaWwpfmec. Acesso em 06/10/2016.

CASE NATURA

A Natura é uma empresa brasileira líder do mercado nacional de cosméticos. Ela foi fundada em 1969, abriu seu capital em 2004 e, num processo de internacionalização, hoje é uma marca presente em vários países, como França, Argentina, Bolívia, Chile, Colômbia, México e Peru.

A empresa investia fortemente no processo de inovação interna executado pela área de P&D, com eventuais parcerias com fornecedores e laboratórios estrangeiros. Como resultado desse alto investimento, em 1976 ela foi a pioneira na aplicação de colágeno nascente solúvel em produtos antissinais. Porém, em 2006, a empresa fez uma grande transformação no seu processo de gerenciamento de lançamento de novos produtos com a implementação do Natura Campus.

O conceito é disponibilizar um espaço de colaboração e construção de relacionamento com instituições de ciência e tecnologia, empresas e empreendedores, permitindo que todos colaborem para a geração de inovação e valor compartilhado (Natura, 2016). Esse espaço possui interface com a área de marketing e com a captação de ideias do ambiente externo. O Portal Natura Campus recebe novas ideias identificadas por pesquisadores e empreendedores de diferentes organizações. Toda ideia gerada (de fonte interna ou externa) é analisada quanto à sua viabilidade de desenvolvimento de tecnologia interna e externamente.

Ao selecionar uma tecnologia a ser desenvolvida, os gestores de inovação Natura verificarão o estado de desenvolvimento dentro e fora da empresa. O objetivo é que as tecnologias, em estado mais avançado fora da empresa, sejam desenvolvidas em parceria com institutos de ciência e tecnologia (ICTs), universidades e outros laboratórios para agilizar o processo de desenvolvimento de um novo produto. Um exemplo foi o lançamento do Ekos Paribaroba, que tem tecnologia licenciada pela Universidade de São Paulo.

O mercado de cosméticos é muito competitivo e os consumidores estão sempre na expectativa por novidades, e o primeiro a lançar um novo produto tem vantagem competitiva. Em 2007, a Natura já lançou o primeiro produto desenvolvido em parceria com a universidade, o Chronos Passiflora.

Com parcerias colaborativas, nacionais e internacionais, o Natura Campus busca a ampliação e o desenvolvimento da ciência, inovação e tecnologia por meio da promoção da conexão em redes para fortalecimento do ecossistema de inovação. Ela faz das redes sociais para ser bem conectada. Para isso, a empresa tem mais de 280 colaboradores dedicados à inovação, conta com 181 parceiros nacionais e internacionais e investe 2,8% da sua receita anual (aproximadamente R$159 milhões em 2012) nesse campo.

No ano de 2013, a Forbes classificou a Natura entre as 100 empresas mais inovadoras do mundo, ocupando a posição 75 na classificação. Em 2016, a empresa lançou o programa Hackathon Ekos Mãos, no qual foram selecionadas 24 propostas das 120 enviadas.

CASO BOTICÁRIO

Em 2018, o Boticário desenvolveu o primeiro perfume do mundo usando inteligência artificial. O resultado desse desenvolvimento foi uma parceria que a empresa fez com a líder de produção fragrâncias, a alemã Symrise e a IBM Research.

O Ambiente Certo Promove a Inovação

O ambiente composto por universidades, centros de pesquisas, incubadoras, empresas de pequeno a grande porte, capital humano com competências diversas, leis de incentivos e infraestrutura de qualidade, certamente, cria o solo perfeito para o surgimento de inovações.

As universidades desempenham o importante papel de conectar esses jovens à resolução de problemas reais, oferecendo a infraestrutura necessária para a construção de projetos inovadores. Nessa busca, alguns alunos apostam na ideia e criam sua própria empresa. O MIT Media LAB é reconhecido internacionalmente por unir os pesquisadores para desenvolver tecnologias para melhorar a qualidade de vida das pessoas. A sua função, desde a criação, foi muito bem executada, capacitando pessoas, desenvolvendo certas competências, e ajudando a criar inovação. O laboratório, até hoje, já gerou 169 startups.

Portanto, o resultado dessa sinergia que ocorre em determinado local pode ser um bolsão de inovações. Como é o caso do Vale do Silício, conhecido como a Meca das startups de tecnologia, um local dotado de excelentes universidades, institutos de pesquisa e laboratórios empresariais. Nessa cidade, você encontrará as grandes empresas da atualidade, como Google, Apple, Facebook, WhatsApp, YouTube e Intel. As empresas e centros de pesquisas do Vale do Silício têm forte interação com a universidade de Stanford. A partir desse exemplo, é possível afirmar que a sintonia entre a indústria e o setor de pesquisa para o desenvolvimento tecnológico é um fator de sucesso para gerar inovação e criar esse gigante conglomerado de empresas e centros de pesquisas com domínio de tecnologias de ponta.

Além das parcerias apresentadas, existem as parcerias entre as organizações privadas, sendo que esse tipo de parceria ocorre comumente quando não existe concorrência de mercado entre elas e há facilidade para identificar a sinergia da parceria. Você pode estar se perguntando os motivos pelos quais as empresas fazem parcerias. Quando uma empresa busca por um parceiro para o desenvolvimento tecnológico e encontra a empresa certa para isso, os resultados são formidáveis. Parcerias bem realizadas reduzem riscos de desenvolvimento, aceleram o tempo de desenvolvimento tecnológico, reduzem os custos e podem potencializar as vendas, utilizando o canal de distribuição de ambas as empresas.

Existem basicamente três tipos de parcerias entre as organizações privadas. A primeira é entre cliente e fornecedor, na qual existe o desenvolvimento em conjunto de uma determinada tecnologia para suprir uma necessidade do cliente. Um exemplo é a empresa Tetra Pak, líder mundial em soluções de processamento e envase de alimentos e embalagens, que no ano de 2010 firmou uma parceria com sua fornecedora de adesivos Henkel, líder mundial na área, cujo objetivo foi criar uma solução mais econômica e de melhor qualidade para o adesivo nas embalagens da Tetra Pak. Foi desenvolvido então o adesivo *hot melt*, que passou a oferecer uma redução de consumo na aplicação superior a 25% e alta estabilidade térmica.

O resultado deste tipo de parceria é o potencial de crescimento de ambas as empresas (cliente e fornecedor). A inserção desse novo produto ou serviço no mercado, e o crescimento das vendas, geram ganho para ambas as organizações, uma vez que as vendas geram aumento da produção e, consequentemente, aumento de pedidos de insumos para o fornecedor.

O segundo tipo é através de acordos contratuais entre duas empresas parceiras que concordam em trabalhar juntas, mas não assumem participação acionária.

E o último tipo de parceria é conhecido como ***joint venture***, aqui no Brasil denominado de "empresas consorciadas". Nesse tipo de parceria, uma ou mais empresas se unem formando uma nova empresa, na qual a propriedade e o controle são compartilhados entre os sócios a fim de minimizar riscos e compartilhar pontos fortes de cada parte. A Japan Nuclear Fuel Co. (JNF), por exemplo, é uma *joint venture* entre a General Electric Company (US), a Toshiba Corporation e a Hitachi Limited na produção de energia nuclear no Japão.

As parcerias, quando bem arquitetadas e construídas, resultam em sinergias nas quais todos os integrantes saem ganhando com o processo de desenvolvimento de inovações, sejam entre centros de pesquisas, entre centros e empresas privadas ou entre empresas privadas. Infelizmente, existem parcerias fracas e mal construídas que geram o resultado oposto, o que chamamos de entropia. Quando esses casos ocorrem, não há sucesso nas inovações.

Um Pouquinho sobre a Origem do Vale do Silício — Califórnia

O Vale do Silício é uma região que abrange várias cidades localizadas ao sul de São Francisco, Califórnia, nos Estado Unidos. Assim que foi descoberto o ouro, em 1848, em Colomo, vilarejo próximo à cidade de São Francisco, a região sofreu um forte processo de migração de milhares de aventureiros americanos e estrangeiros. Segundo Normand (2014), esta é uma explicação para o que viria a ser o espírito do Vale do Silício cem anos depois: aventureiros e multiculturalismo. Esse processo de migração, além de ajudar a estabelecer a cultura empreendedora na região, trouxe o investimento público e privado em infraestrutura, educação e saúde.

A prestigiada universidade de Stanford foi fundada em 1870 e hoje, além de reconhecimento internacional pelo seu ensino, é reconhecida pela excelência na transferência tecnológica de suas pesquisas. O professor de engenharia Frederick Terman, apelidado de "Pai do Vale do Silício", incentivava os estudantes de Stanford a não apenas desenvolver, mas também a comercializar suas ideias. Em 1939, os alunos William Hewlett e David Packard desenvolveram um oscilador de precisão de áudio de baixo custo para medir frequências de áudio e o transformaram no primeiro renomado spin-off conhecido como HP. Terman imaginou um novo tipo de colaboração, na qual a universidade de Stanford poderia unir forças com a indústria e a cidade de Palo Alto para promover interesses compartilhados. Ele viu o potencial de um parque para atrair cientistas e professores novos, e de alta qualidade, fornecer empregos para recém-graduados e estimular o desenvolvimento econômico regional. Em 1951, foi inaugurada a primeira incubadora, a Stanford Research Park, para abrigar empresas inovadoras como a HP na época.

Durante a Guerra Fria (1947–1991), marcada pela corrida pela soberania, os militares demandaram dos centros de pesquisas o desenvolvimento de sistemas de cálculo eletrônico para serem empregados nos mísseis balísticos de longo alcance. A necessidade, somada aos investimentos certos e constantes realizados pelo governo e o capital intelectual dos centros de pesquisas, universidades e empresas, resultou no desenvolvimento do circuito integrado (CI), que reunia, num único cristal de silício, vários transistores e formava um circuito eletrônico completo. Daí a origem do nome Vale do Silício, por ser um dos principais insumos dos circuitos eletrônico e por ter atraído e criado uma série de empresas de alta tecnologia, como por exemplo o Facebook, a Tesla e a Xerox. Segundo NRC(2013), em 2011, existiam quase 5 mil empresas cujas raízes estão na Stanford.

PATENTES

Para toda criação existe um criador responsável, mas ele, ou eles, precisa(m) correr atrás dos meios legais para garantir a propriedade daquilo que inventou. Esse meio legal é conhecido como propriedade intelectual. A convenção da Organização Mundial da Propriedade Intelectual (OMPI) define **propriedade intelectual** como "a soma dos direitos relativos às obras literárias, artísticas e científicas; aos artistas intérpretes e aos artistas executantes; aos fonogramas e às emissões de radiodifusão; às invenções em todos os domínios da atividade humana; às descobertas científicas; aos desenhos e modelos industriais; às marcas industriais, comerciais e de serviço, bem como às firmas comerciais e denominações comerciais; à proteção contra a concorrência desleal e todos os outros direitos inerentes à atividade intelectual nos domínios industrial, científico, literário e artístico".

▼▼▼ Figura 2.5: Patente.

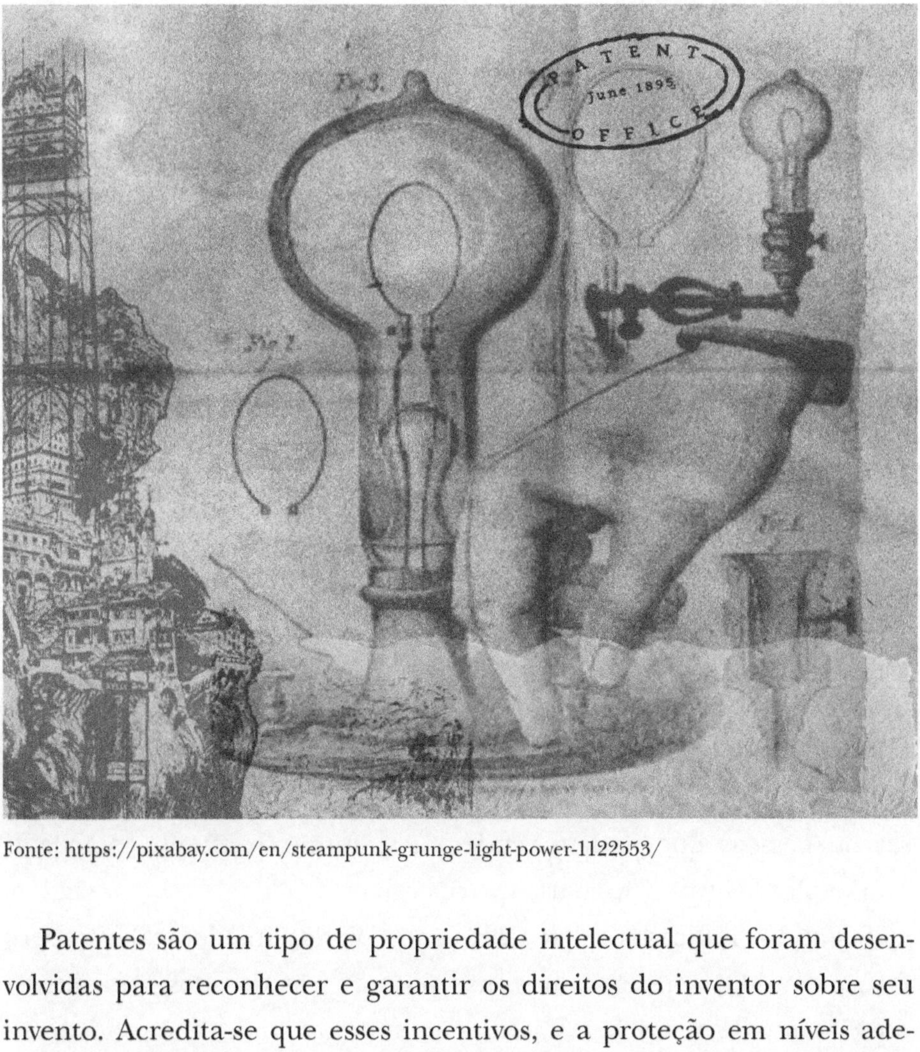

Fonte: https://pixabay.com/en/steampunk-grunge-light-power-1122553/

Patentes são um tipo de propriedade intelectual que foram desenvolvidas para reconhecer e garantir os direitos do inventor sobre seu invento. Acredita-se que esses incentivos, e a proteção em níveis adequados, estimulam a inovação (CNPq, 2016). A palavra vem do latim *litterae patentes*, que significa carta aberta. Tais cartas, com selo real, foram usadas por monarcas medievais para conferir direitos e privilégios. Segundo os registros, a primeira invenção patenteada foi em 1449 para o inventor John of Utynam, artista da ilha de Murano, pelo seu processo de fabricação de cristais. Foram-lhe concedidos vinte anos de exclusividade na comercialização desses produtos na

Inglaterra; em compensação, ele teria de ensinar o processo de fabricação aos ingleses nativos.

Por volta dos anos 1600, a Inglaterra já assumia a dianteira do processo de industrialização, e os governantes identificaram o potencial econômico da patente por meio da garantia da proteção e do privilégio de exploração ao inventor. Patentes são um importante meio que promove o progresso da ciência, assegurando ao autor responsável, por determinado período, o direito exclusivo sobre seu respectivo invento (Derwent, 2016).

Uma métrica da inovação é a quantidade de patentes que são registradas por um determinado país, instituto, empresa ou pesquisador. Sem dúvidas, estamos vivendo uma corrida pelas patentes, na qual cinco países detêm a maioria delas. Os cinco países campeões em produção de patentes são: EUA, Japão, China, Alemanha e Coreia do Sul, e somente a Coreia do Sul não faz parte da lista dos cinco países com o maior PIB (Produto Interno Bruto).

Há necessidade não somente de assegurar o domínio de determinada tecnologia, mas também a possibilidade de vendê-la e gerar riqueza. Inclusive, já existem plataformas que auxiliam empresas ou pessoas que podem vender ou comprar patentes, como a IP Marketplace (https://ip-marketplace.org/).

Segundo indicadores de 2015 do World Intellectual Property Office (WIPO), presenciamos, nas últimas três décadas, um intenso crescimento de pedidos de patentes em todo o mundo; eles praticamente triplicaram de 1986 a 2016 (ver figura 2.6).

As multinacionais, por seu forte interesse comercial, foram uma das principais responsáveis por esse grande crescimento. Com o aumento mundial de pedidos de patentes, surgiu a necessidade de organizações internacionais assumirem e controlarem essa emissão, como o Instituto Europeu de Patentes e a o próprio World Intellectual Property Office (WIPO), ou Organização Mundial da Propriedade Intelectual (OMPI) em português, permitindo que pedidos de patentes sejam apresentados simultaneamente em vários países. A Figura 2.6 representa a quantidade de patentes sendo depositadas anualmente. Observe o forte crescimento que ocorreu de 2009 até 2014.

▼▼▼ Figura 2.6: Quantidade de Patentes Depositadas entre 1986 e 2016.

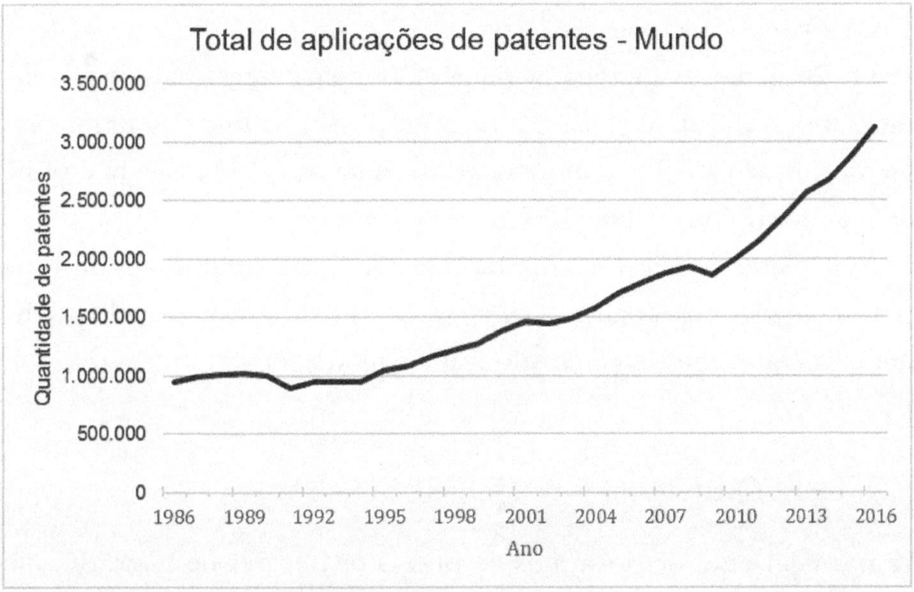

Fonte: WIPO, 2016. Elaborado pelas autoras

A patente é um título de propriedade temporário e oficial, concedido pelo Estado por força de lei ao seu titular ou seus sucessores (pessoa física ou pessoa jurídica), que passam a possuir os direitos exclusivos sobre o bem, seja de um produto, de um processo de fabricação ou de aperfeiçoamento de produtos e processos já existentes. Terceiros podem explorar a patente somente com permissão do titular por meio de uma licença. Durante a vigência da patente, o titular é recompensado pelos esforços e gastos despendidos na sua criação.

A patente é válida cerca de vinte anos e apenas nos países onde foi requerida e concedida a sua proteção. Cada país é soberano para conceder ou não a patente, independentemente da decisão de outros países. Os requisitos que um pedido de patente deve atender simultaneamente são: novidade, atividade inventiva e aplicação industrial (utilidade). Novidade remete à criação de algo novo. Atividade inventiva é que o processo da inovação não seja algo óbvio. E a aplicação industrial significa que o invento deve ser útil para a sociedade e que possa ser replicado pela indústria.

Em 2016, houve um recorde de pedidos de patentes. Mais de três milhões foram solicitadas. Nesse ano, o Brasil saiu da lista dos 10 maiores escritórios de patente do mundo. A queda da posição brasileira é resultado do declínio anual de 7,3% nos registros.

As patentes podem ser utilizadas também como indicadores de avanço tecnológico, cuja análise permite verificar o progresso tecnológico de um país, setor, empresa ou instituição de modo geral.

Processo Linear da Inovação

Vamos falar aqui de dois tipos de processos lineares de inovação, um empurrado pela tecnologia e outro puxado pelo mercado, ou como são reconhecidos *technology push model* e *market pull model*. Ambos podem ser aplicados pelas organizações, basta saber as diferenças entre eles para escolher o correto para aplicar.

Technology Push Model

Neste modelo, a tecnologia é considerada a peça chave do quebra-cabeça da inovação. Sempre que uma tecnologia nova ou uma melhoria tecnológica emerge, conduz as inovações em novos produtos, serviços ou processos. O foco é a novidade tecnológica como força motriz para a inovação, que, dado um problema, busca-se uma solução tecnológica, utilizando para isso toda a estrutura de P&D disponível ao seu alcance.

Em resumo, a P&D é quem dirige o desenvolvimento e o lançamento de um novo produto ou serviço.

Tente recordar do problema de Thomas Edson. Naquela época, o problema era a duração da lâmpada, que queimava após alguns minutos acesa. Através de muitas pesquisas e centenas de tentativas, o inventor encontrou uma solução a partir do uso de filamentos de bambu carbonizado. Com o tempo, percebeu-se que o rendimento da lâmpada incandescente era muito baixo, do total de energia elétrica consumida, apenas 5% é transformada em luz, e os outros 95% são transformados em calor. Esse problema levou a novas pesquisas para a melhoria da eficiência da lâmpada, e hoje temos a lâmpada LED, que consome muito menos energia em relação às incandescentes, na ordem de 10% para a mesma luminosidade.

Esse modelo envolve seis etapas sequenciais, como mostra a Figura 2.7. É na ciência que se dá o início de um processo empurrado pela tecnologia, no qual a inovação é consequência de descobertas realizadas durante as etapas de pesquisas básica e aplicada. As pesquisas devem estar orientadas à estratégia da empresa, porém, muitas vezes, elas resultam na própria empresa, como foi o caso da HP em Standford.

O vale da morte da inovação (ver a Figura 2.7) começa a partir da etapa de Design e Engenharia, quando será necessário um grande volume de recursos financeiros para desenvolver o produto. Se é o caso de uma startup, perfeito: ela nasceu para o desenvolvimento dessa tecnologia, o que pode acontecer é ela não conseguir o capital necessário e fechar. Porém, se for uma empresa já constituída, ela terá que ter uma equipe competente para a tomada de decisão sobre quais projetos inovadores financiar. Já existem diversas metodologias que auxiliam na seleção de projetos de inovação, mas a parte fundamental de qualquer processo de decisão está na formação dos critérios de julgamento. Com bons critérios, e uma equipe com conhecimento para julgar, a empresa terá maiores chances de selecionar os projetos mais promissores. Após selecionar os projetos para desenvolvimento, é iniciado o processo de design do produto, que, se aprovado, passa para engenharia, que produzirá o protótipo e o teste. Esse é um momento crítico, porque, aprovado o teste do produto, a próxima etapa é a manufatura em larga escala para sua comercialização. O sucesso de qualquer inovação é sua aceitação pelo mercado, e só depois desse longo processo de pesquisa e desenvolvimento é possível verificar se a aposta que a empresa fez deu certo.

▼▼▼ FIGURA 2.7: Technology Push Model.

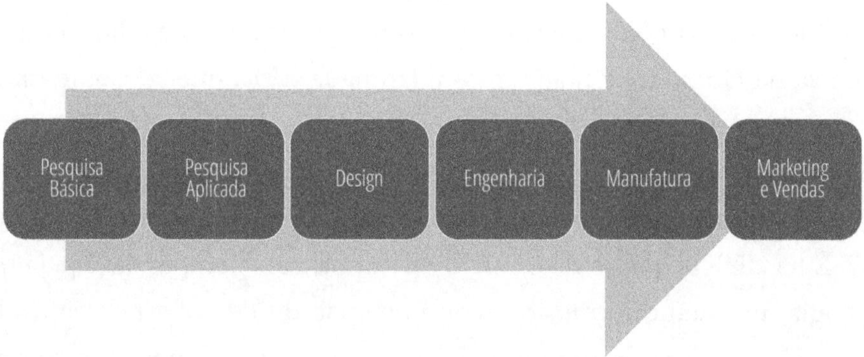

Fonte: Elaborado pelas autoras

Veja que o usuário ou consumidor é considerado um receptor da tecnologia, e pouco ou nada influenciou no processo de desenvolvimento tecnológico. O novo produto ou serviço foi desenvolvido sem a necessidade de um feedback ou consulta ao usuário ou consumidor, restando a ele aceitar ou não. O centro deste modelo não são as necessidades dos consumidores e as exigências do mercado, mas sim a disponibilização de uma tecnologia nova, como é o caso do iPhone da Apple, do carro elétrico da Tesla, do refrigerante Coca-Cola, entre outros.

Acompanhando a mudança de perfil do consumidor, que se tornou mais exigente e busca por produtos e serviços que melhor atendam às suas expectativas, o modelo *market pull* é o mais utilizado para as inovações menos impactantes.

Market Pull Model

Este tipo de modelo tem uma forte relação com as ferramentas que o leitor aprenderá para ajudar na criação do modelo de negócio e produtos para as startup, o Canvas e o *design thinking*. Todos eles incluem e integram os desejos e necessidades dos consumidores ou usuários no processo de inovação. As necessidades dos consumidores e as exigências do mercado são consideradas como fatores norteadores neste processo, trazendo *insights* importantes para o desenvolvimento tecnológico.

A compreensão das necessidades do usuário e o envolvimento da equipe de marketing e vendas são atividades necessárias para minimizar o risco de fracasso no lançamento de novos produtos ou serviços no mercado. As barreiras e os fatores de sucesso são levados em conta neste relacionamento, e a inovação é puxada a partir de uma identificação de necessidades do consumidor.

Este modelo envolve uma sequência de seis etapas, como mostra a Figura 2.8. A principal diferença deste modelo em relação ao anterior está nas primeiras três etapas que, neste caso, consistem na identificação de um problema, ou uma necessidade do consumidor, que passa a ser o ponto de partida para a geração de ideias capazes de atender ou resolver o problema através do alinhamento da ideia com as necessidades dos clientes. No Canvas, isso é conhecido como *product fit*, ou seja, a adequação do produto ao mercado. O início do desenvolvimento só deve ser permitido após esta validação.

▼▼▼ Figura 2.8: Market Pull Model.

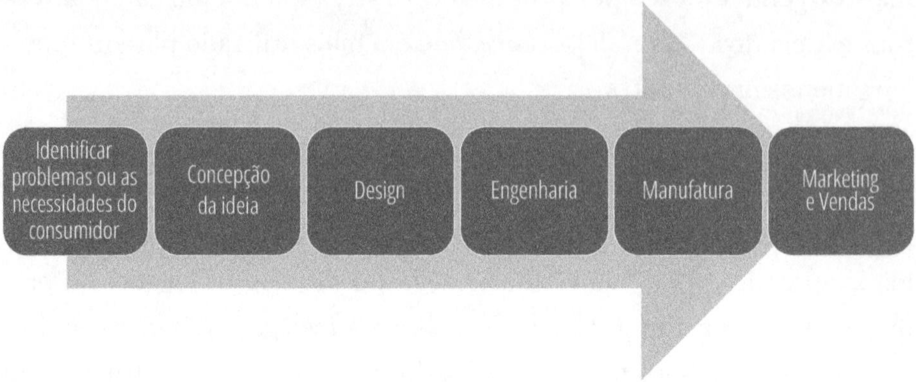

Fonte: Elaborado pelas autoras

Em 2016, o Brasil teve um caso de sucesso de desenvolvimento tecnológico, o avião KC-390, que tinha como meta atender a uma série de requisitos. O cliente era a Força Aérea Brasileira (FAB), que elaborou uma lista de requisitos para a fabricação do maior avião construído no Brasil pela Embraer. Havia a necessidade de um trem de pouso capaz de suportar pousos em pistas não preparadas (terra) e em condições adversas de temperatura. A empresa Eleb, fornecedora da Embraer, no prazo de cinco anos, elaborou a concepção geral, as diversas etapas do projeto, o desenvolvimento e os testes e colocou em produção um conjunto de trens de pouso para suportar 84 toneladas em diferentes tipos de pistas e lugares remotos. Todo o conhecimento adquirido para atender essa necessidade do cliente facilitou o desenvolvimento do trem de pouso de outras aeronaves. As patentes resultantes desse desenvolvimento pertencem à União, compartilhada com a Embraer.

Ambos os modelos possuem como última etapa o marketing e as vendas. A área de marketing tem um papel fundamental no sucesso do desenvolvimento de um novo produto ou serviço a ser disponibilizado no mercado. No entanto, no segundo modelo, ele é mais atuante em todo o processo de desenvolvimento, desde a identificação das necessidades do consumidor, à concepção e seleção de ideias, até as vendas dos produtos ou serviços desenvolvidos.

O marketing é responsável pela definição de alguns fatores críticos no sucesso das vendas. Um deles é a definição do mercado no qual será disponibilizado o novo produto ou serviço. Se for colocado em pontos errados, as vendas serão um grande fracasso.

Ponto de venda é qualquer tipo de estabelecimento comercial (físico ou virtual) que realize a devida exposição e venda de produtos ou serviços. Se o produto não está no ponto de venda correto, ele não terá visibilidade e suas vendas podem ser um grande fracasso, por mais perfeitas que tenham sido as etapas de pesquisa e desenvolvimento. Por exemplo, se o seu público-alvo é composto por jovens que compram pela internet, não faz sentido disponibilizar o produto apenas em lojas físicas em shoppings cujo público maior é composto por adultos acima dos quarenta anos de idade. Outro fator é o preço. A estratégia de definição do preço não é uma tarefa fácil e dependerá do tipo de produto ou serviço que está sendo disponibilizado no mercado.

As empresas de tecnologia de informação, como a Samsung e a Apple, buscam acelerar o retorno do investimento realizado durante a pesquisa e desenvolvimento dos seus produtos ou serviços, lançando produtos com os preços elevados. Porém, existem faixas de clientes com diferenças entre eles quanto à sensibilidade aos preços. Por exemplo, existe uma camada de clientes disposta a pagar mais de R$6 mil pelo novo modelo do iPhone, o XS. Após o esgotamento de vendas nessa camada, a estratégia é a redução de preço para atingir outras camadas até o fim da vida útil do produto.

Agora podemos pensar em estratégias completamente diferentes, como a redução de preço ou até a disponibilização do serviço por alguns dias gratuitamente para o cliente testar. Plataformas como Netflix e Microsoft Office 365 utilizam essa estratégia para captar novos clientes.

Deve-se sempre buscar um preço justo, no qual sejam incluídos os custos necessários para o desenvolvimento, a produção, a venda do produto e a margem de lucro desejada. Você compraria uma caneca que esquenta sua bebida por R$200? Talvez considere que esse seja um produto útil para o seu dia a dia, porém, por esse preço, você mesmo esquentaria sua bebida no micro-ondas. De fato, se a empresa não conseguir desenvolver um produto que atenda às necessidades do seu consumidor pelo valor que ele está disposto a pagar, é melhor cancelar o seu desenvolvimento.

E outro fator fundamental realizado pela equipe de marketing é a promoção, principalmente no que tange a definição dos canais de comunicação para promover o novo produto ou serviço. Atualmente, as empresas estão se adequando e utilizando as mídias sociais pela sua facilidade, rapidez de propagação, flexibilidade e custo. Um exemplo recente foram as eleições brasileiras de 2018. Tivemos vários exemplos de candidatos que não utilizaram as mídias tradicionais, como rádio e televisão, para fazer campanha, porém foram eleitos com milhares de votos devido à sua grande propagação nas mídias sociais.

Em 2012, a Nike aumentou seu lucro em 18% após o grande sucesso de sua campanha *Make It Count*. Os vídeos, de quatro minutos e meio, eram divulgados no YouTube utilizando *#makeitcount* para a promoção. Milhões de usuários compartilharam via Twitter, Facebook e Instagram.

Foi possível verificar na leitura deste capítulo que a inovação pode ser vista como um processo contínuo na geração, aceitação e implementação de novas ideias, processos, produtos ou serviços. Os principais fatores que contribuem para alavancar a inovação são a formação de capital humano, investimentos em P&D, estruturas de apoio para a gestão da inovação e o marketing.

Entende-se que o processo de inovação é formado por um conjunto de etapas que, quando bem aplicadas e orquestradas, geram resultados surpreendentes para as organizações, tornando-as mais competitivas frente aos seus concorrentes.

▼▼▼

LIÇÕES APRENDIDAS

No Capítulo 2, você aprendeu que:

- Os inovadores são indivíduos dotados de criatividade e talento. As novas ideias devem ser objetivas e concretas, e não devaneios do seu criador.
- Para se sobressair no mercado, as organizações precisam estar preparadas com recursos humanos, físicos e financeiros para criar ideias e concretizá-las em produtos e serviços que atraiam seus clientes e os fidelizem.
- Os principais ingredientes da inovação são investimentos em formação de capital humano, em P&D, em estruturas de apoio para a gestão da inovação e em consolidação de parcerias para o desenvolvimento de tecnologias.
- Startup é uma empresa criada para resolver um problema para o qual a solução ainda não foi totalmente encontrada e o sucesso não é garantido.
- A inovação fechada limita o uso e a aplicação do conhecimento somente ao âmbito interno da organização, fazendo pouco ou nenhum uso do conhecimento de fora dela.
- A inovação aberta é o uso intencional de entradas e saídas de conhecimento para acelerar a inovação interna e expandir os mercados pela utilização externa da inovação.
- A propriedade intelectual é o meio legal para garantir a propriedade ao criador responsável pelo invento. Patentes são um tipo de propriedade intelectual desenvolvida para reconhecer e garantir os direitos do inventor sobre seu invento.
- No modelo *technology push model,* a tecnologia é considerada a peça chave do quebra-cabeça da inovação. Sempre que uma tecnologia nova ou uma melhoria tecnológica emerge, ela conduz a inovações de novos produtos, serviços ou processos.
- No modelo *market pull model,* as necessidades dos consumidores e as exigências do mercado são consideradas fatores norteadores neste processo, trazendo *insights* importantes para o desenvolvimento tecnológico.

REFERÊNCIAS BIBLIOGRÁFICAS

CONGER, J. A. **Charismatic and Transformational Leadership in Organizations**: an insider's perspective on those developing streams of research. Leadership Quarterly, 10, 145-170, 1999.

DERWENT. **Patent Definition**. Disponível em: http://www.inpi.gov.br/menu-servicos/patente. Acesso em 21/09/2016.

INPI. **Guia Básico de Patente**. Disponível em: http://www.inpi.gov.br/menu-servicos/patente. Acesso em 21/09/2016.

OECD (2015), **Frascati Manual 2015**: Guidelines for Collecting and Reporting Data on Research and Experimental Development, OECD Publishing, Paris.

PECCINI **Tecnologia e inovação**. Disponível em: http://www.peccinin.com.br/tecnologia-e-inovacao/2016. Acesso em 20/09/2016.

PINTEC. **Pesquisa inovação**. IBGE. 2013. Disponível em: http://www.pintec.ibge.gov.br/. Acesso em 08/09/2016.

SHAVININA, L. **The International Handbook on Innovation**. UK: Elsevier, 2003.

STATISTA. **Global Apple iPod Sales from 2006 to 2014**. Disponível em: https://www.statista.com/statistics/276307/global-apple-ipod-sales-since-fiscal-year-2006/. Acesso em 05/09/2016

STERNBERG, R. J. (2003). **Wisdom, Intelligence, and Creativity, Synthesized**. Nova York, NY: Cambridge University Press.

TETRA PAK. **Tetra Pak hot melt adhesives helped an Asian juice and dairy producer to improve straw bonding**. Disponível em: www.tetrapak.com. Acesso em 10/09/2016.

USPTO. **Getting Started with Patents**. United State Patent Trademark Office. Disponível em: http://www.uspto.gov/patent6. Acesso em 21/09/2016.

http://www.mjv.com.br/biblioteca/infografico-mapa-da-inovacao-no-brasil-2017/

▼▼▼

CAPÍTULO 3

Os Tipos de Inovação e Seus Impactos Socioeconômicos

A inovação sempre existiu na humanidade; no início, como resultado da busca do ser humano pela sobrevivência. Esse desafio levou o homem a desenvolver novos artefatos para ter melhor suporte na busca e no armazenamento de alimentos, o que desencadeou uma série de criações, como, por exemplo, a lança e as cerâmicas.

Com a necessidade de atender todas as demandas do ser humano, produtos e serviços são constantemente lançados no mercado. Porém, a pergunta que esse processo suscita é: qual produto ou serviço é de fato inovador?

A importância econômica da inovação está relacionada diretamente à capacidade de novos produtos e serviços de gerar novos postos de trabalho. Independentemente do tamanho, a organização deve se preocupar desde cedo em ser um terreno fértil para a inovação, pois é o que garantirá seu futuro.

△△△

Tipos de Inovações

Existe uma relação causal entre inovação e mudança. A inovação é o agente da mudança no sistema socioeconômico, e sua classificação depende do grau de impacto que ela gera no sistema, ou seja, sua influência nas mudanças no sistema produtivo, nos hábitos do consumidor e da sociedade em geral. As inovações são classificadas em três grandes grupos: a) simples ou incrementais; b) novos produtos e c) de base.

Inovações Simples ou Incrementais

As inovações simples ou incrementais são produtos, serviços ou processos que sofreram algum tipo de transformação. O resultado é a disponibilidade de uma pequena solução tecnológica, seja pela melhoria da eficiência de algum produto ou para a captação de uma maior fatia de mercado. Elas devem ser inovações orientadas às necessidades dos clientes, portanto, do tipo *market pull*. Além de surgirem de forma contínua no mercado, como uma resposta cada vez mais rápida para seus consumidores. As inovações simples são divididas em duas classes: inovações de simples modificação do produto e inovações de melhoria no desempenho.

1. ***Inovações de simples modificação do produto:*** São aquelas que apenas modificam o produto, seja quanto ao material utilizado, à embalagem, ou sua aparência externa. Esse tipo de inovação é realizada constantemente pelas empresas e disponibilizada no mercado. Os motivos principais são reduzir custos por utilizarem um componente mais barato, como o uso de plástico nos carros, ou atender novas normas, regras ou tendências de mercado.

Nesse caso, não há necessariamente uma melhoria no desempenho do produto, uma vez que não foram feitas alterações na sua composição. Se você reparar os produtos que utiliza no seu dia a dia, boa parte já mudou de embalagem, de cor ou de forma, mas seu conteúdo é praticamente o mesmo. É possível observar esse fenômeno em uma variedade de produtos, como refrigerantes, salgadinhos, sorvetes, comida congelada, enlatados, embutidos, material de limpeza, entre outros.

Eles mudam constantemente suas embalagens por moda, custo ou praticidade de uso ou consumo, porém o conteúdo permanece o mesmo. Para esse tipo de inovação, não existe um forte impacto social, pois ela não provoca fortes alterações nos hábitos do consumidor e nem na economia.

▼▼▼ Figura 3.1: Bens de Consumo são os Produtos que Mais Geram Simples Modificações.

Fonte: https://pixabay.com/pt/coxia-fundo-comprar-limpa-3105629/

2. ***Inovações de melhoria no desempenho:*** São aquelas em que há uma modificação técnica no produto a fim de melhorar sua eficiência. Um exemplo são as novas gerações de celulares com maior capacidade de processamento, memória e bateria, e os novos eletrodomésticos com redução no consumo de energia. Estão incluídas neste grupo as inova-

ções que adicionaram funções, como, por exemplo, automóveis com dispositivos *bluetooth* e GPS.

A modificação do produto pode ser também imposta pelo governo. Dada uma preocupação com o aumento da taxa de obesidade dos brasileiros (quase 19% dos indivíduos são considerados obesos, segundo dados de 2016 do Ministério da Saúde), a Associação Brasileira das Indústrias da Alimentação (ABIA) e o Ministério da Saúde estão finalizando um acordo com as empresas alimentícias para reduzir a quantidade de açúcar nos alimentos processados com a finalidade de garantir uma alimentação mais saudável para a população brasileira. A primeira etapa da proposta incluirá iogurtes, achocolatados, sucos em caixinha, refrigerantes, bolos e biscoitos. Já estamos presenciando diversas marcas lançando produtos com menos açúcar ou até mesmo sem açúcar, como o caso da Coca-Cola com Stevia.

Esse tipo de inovação também tem muito pouco, ou quase nenhum, impacto social (apesar do efeito que a redução de açúcar nas bebidas representa na saúde dos indivíduos, a mudança em si é apenas uma adaptação da composição dos ingredientes para atender às novas exigências do mercado).

Novos Produtos ou Serviços

Este tipo de inovação consiste no desenvolvimento e lançamento de um produto ou serviço inédito no mercado. Porém, apesar do grande avanço tecnológico, essa inovação representa uma nova forma de usar uma tecnologia já existente.

A evolução tecnológica faz com que deixemos de comprar determinando produto ou serviço para adquirir outro mais moderno. Esse processo é chamado de substituição tecnológica. Nossa história é marcada por diversos exemplos de produtos que tiveram sua demanda reduzida, ou até encerrada, após a inserção de um novo produto ou a disponibilização de um novo serviço no mercado.

Veja o que aconteceu com as locadoras de filmes após a entrada de empresas de serviços de streaming de vídeo ofertando praticidade, como a Netflix, por exemplo. O telefone móvel foi outro responsável pala transformação nos meios de comunicação, consequência da tecnologia do telefone fixo (porém, hoje, muitos não possuem um telefone fixo, fazendo uso somente do celular). O computador portátil (notebook), que foi desenvolvido a partir do conhecimento já existente em computadores pessoais (PCs).

Esses três exemplos têm uma característica forte em comum que garante o seu sucesso: acesso. São produtos e serviços que podem estar o tempo todo ao seu dispor. Segundo dados levantados pelo portal Statista (2018), a quantidade de unidades fabricadas de tablets e notebooks em 2017 representa aproximadamente 77% do total de unidades fabricadas (tablets, notebooks e PCs).

No caso da indústria do vestuário, houve a substituição das fibras naturais por fibras sintéticas, gerando uma grande transformação na indústria têxtil, com forte redução do custo da matéria-prima e aumento significativo da escala de produção. O transporte ferroviário também passou por um processo de substituição, a locomotiva elétrica ou a diesel no lugar da locomotiva a vapor. Esse avanço tecnológico proporcionou mais velocidade à locomoção com redução de custo.

As redes sociais passaram também por diversas transformações. Como o caso do Facebook e do Orkut no Brasil. O Orkut, criado em 2004, era a plataforma mais utilizada no Brasil para conectar pessoas até 2012, quando o Facebook, já um sucesso nos EUA, ultrapassou o Orkut em número de usuários e se consolidou como a maior empresa de rede social do mundo. Em 2014, o Orkut foi desativado pelo Google. A Tabela 3.1 indica o rápido processo de substituição de uma plataforma pela outra no Brasil entre 2010 e 2011.

Tabela 3.1: Percentual de Usuários nas Redes Sociais Selecionadas no Brasil.

Ranking	Total de Usuários		
	Dez/10	Dez/11	% mudança
Facebook.com	12,379	36,098	192%
Orkut	32,671	34,419	5%
Windows Live Profile	11,801	13,301	13%
Twitter.com	8,939	12,499	40%
Vostu.com	1,12	4,901	338%
Google Plus	N/A	4,3	N/A
Tumblr.com	1,319	4,029	206%
LinkedIn.com	N/A	3,182	N/A

Fonte: comScore

Outras empresas que geraram mudanças com seu novo modelo de negócios foram a Uber, em relação ao serviço de táxi tradicional, e o Airbnb, concorrendo com as corretoras de imóveis e hotéis.

O pesquisador Todd W. Schneider coletou e analisou 1,1 bilhão de viagens realizadas por táxi e Uber na cidade de Nova York. Observe na Figura 3.2 o resultado interessante que identifica uma substituição do serviço convencional de táxi pelo novo modelo de apps em 2017 em NYC.

Para visualizar a substituição de um novo produto é preciso analisar as taxas de venda ou uso e comparar com os demais produtos ou serviços existentes, como mostrado na Tabela 3.1 e na Figura 3.2.

É importante entender que a introdução de um novo produto ou serviço no mercado pode gerar um considerável impacto socioeconômico. O novo produto ou serviço pode trazer mudanças nos hábitos das pessoas. Por exemplo, antes de plataformas como Netflix ou Google Play, as pessoas estavam acostumadas a se deslocar para alugar um filme e ainda corriam o risco de o filme não agradar. Hoje, é possível alugar um filme, alugar uma casa, ou pedir comida, utilizando sites ou aplicativos conectados à internet. Esses novos hábitos influenciam outros segmen-

▼▼▼ Figura 3.2: Comparativo entre Empresas Quanto ao Número de Viagens Realizadas por Mês na Cidade de Nova York.

Fonte: http://toddwschneider.com

tos, como é o caso das fabricantes de televisores que desenvolveram as Smart Tvs. Dessa forma, o sucesso de novos produtos ou serviços ajuda no surgimento de novas empresas concorrentes, como é o caso da Looke, da Claro Vídeo e da Amazon On-Demand.

Não necessariamente o surgimento de um novo produto leva ao desaparecimento de outro. Os serviços do Orkut foram encerrados, mas os serviços de táxi comum continuam, o mercado de roupas com fibras naturais está crescendo e, apesar do impacto da qualidade da imagem das câmeras de celulares, as câmeras fotográficas também possuem sua fatia no mercado.

Qualquer empresa que percebe a entrada de um novo produto ou serviço no mercado deve sempre acompanhar sua taxa de adoção e nunca subestimar o seu potencial. O caso da Kodak foi um aprendizado para muitos nesse sentido, e a empresa está realizando o devido monitoramento e buscando soluções inovadoras para estar à frente no mercado. Veja o exemplo das montadoras, como a Volkswagen, que, percebendo uma tendência de crescimento no mercado de compartilhamento de carros, criaram a *We Share*, que utiliza apenas carros elétricos e uma plataforma simples e prática de reserva e entrega do carro. Será que esse é o futuro das montadoras? A VW não quer correr o risco, e já está trabalhando pesado para que, caso esse cenário se concretize no mundo, ela já esteja preparada.

Produtos ou Serviços Radicais

Também conhecidos como inovações disruptivas,[1] de base, radicais ou *breakthrough*. Produtos ou serviços deste tipo baseiam-se numa novidade tecnológica, ou mercadológica, que leva à criação de um novo mercado, podendo ou não acarretar a descontinuidade do mercado existente. Segundo Tessaleno Devezas (2015), essas inovações surgem de forma inesperada no mercado, não existindo antes delas nada semelhante. Exemplos de inovações radicais são: lâmpada elétrica, geladeira, locomotiva, telefone, rádio, televisão, automóvel, avião, computador, internet, sites de busca.

Observe que os exemplos citados consideram o artefato tecnológico e não as suas evoluções. Foi o caso da primeira televisão, que fez sua

1 **Disruptivo** é um termo que está na moda, entretanto, é muito mal utilizado. Muitos dos que o usam desconhecem a teoria.

transmissão em 1920. A partir da primeira tela, os avanços tecnológicos não cessaram a busca constante por melhorar a qualidade da imagem e do som e, ao mesmo tempo, aumentar o tamanho da projeção. Os primeiros televisores desenvolvidos tinham apenas cinco polegadas e péssima qualidade de imagem, considerados hoje rabiscos projetados. Mas imagine a sensação para as pessoas na época vendo uma imagem móvel sendo projetada em tempo real.

A tecnologia de imagem e som teve uma notável evolução. A televisão se popularizou com a redução do preço e se difundiu em todo o mundo, sendo ainda o principal meio de comunicação. A TV modificou os hábitos das pessoas, que recorriam aos jornais, revistas e rádio como fontes de informação e utilizavam a sala como um lugar de socialização. Esse artefato provocou o aparecimento de novas empresas para a produção, operação e distribuição de serviços. As inovações radicais têm esta característica: causam um imenso impacto socioeconômico. Elas transformam os hábitos das pessoas, mudam suas rotinas, criam sistemas produtivos, geram novas empresas, assim como novas atividades profissionais, provocando uma verdadeira transformação da sociedade como um todo.

O impacto social e econômico das inovações radicais é muito maior do que o das inovações analisadas anteriormente. Esse é o tipo de inovação que irá gerar um forte aumento da produtividade da cadeia global com o surgimento de novos mercados, novas empresas e novos empregos. E os países que detêm o conhecimento e a capacidade de desenvolvimento dessa inovação serão os mais beneficiados em termos de crescimento econômico.

O modelo utilizado para geração de inovações radicais é o *technology push*, passando por todas as etapas apresentadas nesse processo. Ter esse modelo na organização, com investimentos constantes e focados em pesquisa básica e aplicada, é apostar na tecnologia que irá colocá-la na dianteira do desenvolvimento tecnológico.

O economista Joseph Schumpeter fez uma importante contribuição sobre a aderência do surgimento das tecnologias disruptivas com o crescimento econômico mundial. Desde o advento da industrialização, observa-se que a economia mundial apresentou longos ciclos de aproximadamente meio século de duração (40–60 anos), passando primeiro por uma fase de expansão (15–25 anos), seguida de uma fase de estagnação (5–15 anos), que apresenta sinais de saturação dos mercados. Por fim, segue uma fase de declínio, que conduz finalmente a uma profunda depressão econômica (15–25 anos), com total escassez de capital e investimentos e altas taxas de inflação e desemprego.

A Figura 3.3 mostra a sequência marcada nas ondas de expansão, estagnação e depressão, e as principais inovações de base que surgiram nesses ciclos. O impacto desse tipo de inovação é o início de um novo ciclo econômico, que impulsionará o desenvolvimento de inovações (novos produtos e incrementais), a criação de novas empresas e empregos, o surgimento de novas formas de trabalhar, comunicar e socializar, entre outros fatores.

▼▼▼ FIGURA 3.3: Ciclos Econômicos Impulsionados Pelo Surgimento de Inovações de Base.

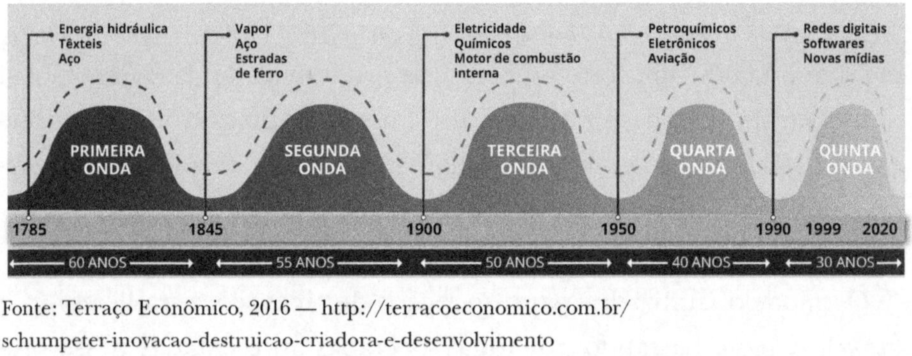

Fonte: Terraço Econômico, 2016 — http://terracoeconomico.com.br/schumpeter-inovacao-destruicao-criadora-e-desenvolvimento

A quantidade de serviços que surgiram após o advento da internet é surpreendente. Quem diria que um dia seria possível alugar um quarto ou uma casa de uma pessoa, de forma tão rápida e segura, utilizando para isso um simples aplicativo? O Airbnb é um dos novos serviços oriundos da internet, cujo *boom* foi na década de 1990.

O conhecimento não se dissipa, pelo contrário, ele se acumula em cada onda, sendo a força motriz no processo de aprendizagem e na geração de inovações, inclusive de base.

É muito difícil prever quais serão as inovações disruptivas do próximo ciclo, mas estamos acompanhando os investimentos massivos que as empresas realizam em IoT (*Internet of Things*, em português, Internet das Coisas), inteligência artificial, impressora 3D, energias alternativas e biotecnologia.

Na Tabela 3.2 abaixo encontra-se um resumo da classificação das inovações segundo o seu impacto socioeconômico.

Tabela 3.2: Resumo dos Tipos de Inovações.

Tipo de Inovação	Significado	Características
Simples	Alteração do design, podendo ocorrer uma pequena alteração técnica no produto, ou apenas no tipo/design da embalagem.	Não provocam impacto social e surgem no mercado com alta frequência, como resultado do modelo *market pull*.
Novos Produtos	Aproveitam a evolução tecnológica, somando uma nova forma de utilizar uma tecnologia já existente para a criação de novos produtos. Alto índice de substituição tecnológica.	Surgem continuamente no mercado, porém com baixa frequência. O impacto social ou econômico é relativo. São resultado da aplicação dos modelos *market pull* e *technology push*.
Inovações de Base	Produto completamente novo.	Têm imenso impacto socioeconômico, alterando hábitos, criando novas empresas e novas atividades profissionais. São resultado de um intenso investimento em *technology push*.

Um método que está sendo aplicado em diversas organizações para auxiliar na coleta de informações de especialistas para ajudar na construção de possíveis cenários futuros é o método Delphi. Ele pode ser utilizado para auxiliar na previsão tecnológica, ou seja, ajuda a antever quais serão as demandas tecnológicas no futuro e em quais a empresa deveria investir. É uma metodologia que envolve especialistas de diversas áreas do conhecimento, desde conhecimento técnico-científico até político e social.

Método Delphi

O conceito de Delphi pode ser visto como um dos *spin-offs* da pesquisa na área de defesa. No começo dos anos 1950 e em plena Guerra Fria, a Força Aérea Americana deparou-se com um problema de previsão tecnológica. Em parceria com a Rand Corporation para solucionar o problema, a Força Área nomeou o projeto de "Delphi", que, por utilizar opiniões de especialistas, fez lembrar a consulta aos oráculos de Delfos na Grécia Antiga.

▼▼▼ FIGURA 3.4: Delfos na Época da Grécia Antiga.

Fonte: https://pixabay.com/pt/delphi-or%C3%A1culo-or%C3%A1culo-de-delfos-1919203/

A necessidade do uso da opinião dos especialistas para tratar de tópicos a serem previstos foi consequência das limitações das abordagens de prospecção que eram utilizadas na época, fortemente quantitativas. Os resultados positivos com a aplicação da técnica Delphi foram disseminados no começo dos anos 1960 pela própria Rand. Um dos primeiros trabalhos publicados com aplicação Delphi foi de T. G. Gordon em 1964. Segundo Harold A. Linstone (2002), o método Delphi é o mais utilizado nas publicações no *Journal of Technological Forecasting and Social Change* nas últimas quatro décadas.

A motivação inicial para aplicação do primeiro Delphi é válida até hoje, principalmente quando não há informações precisas ou é muito caro obtê-las, ou ainda quando o modelo de avaliação requer dados subjetivos ao ponto de serem os principais parâmetros da pesquisa. O método pode ser caracterizado como uma ferramenta para estruturar o processo de comunicação de um grupo, de modo que o processo seja eficaz para que um grupo de indivíduos, como um todo, possa lidar com um problema complexo, em que as questões sobre determinado conhecimento, que encontra-se inseguro e incompleto, serão julgadas por especialistas (Sahlo e Cuhls, 2003).

O método utiliza como *input* a opinião dos especialistas de forma sistemática, usando uma série de questionários com feedback. Portanto, é baseado em questionários e faz uso de uma única fonte de informação intuitiva disponibilizada pelos especialistas.

O método Delphi é utilizado normalmente para a identificação de tendências e eventos futuros, sendo suas principais características, conforme definidas por Martino (1993):

- O anonimato dos respondentes quando os resultados são apresentados, por meio de preenchimento do questionário em um formulário no site da internet.

- A representação estatística da distribuição dos resultados: tabulação e tratamento estatístico dos resultados.
- O feedback de respostas do grupo para reavaliação nas rodadas subsequentes, sendo os resultados da primeira rodada divulgados para que possam ser considerados pelo grupo no preenchimento da segunda rodada.

Apesar do crescente uso de computadores para realização de pesquisa de texto, isso não elimina a necessidade de opinião de especialistas (Martino, 2003). O método possui vantagens exclusivas quando informações são tácitas, qualitativas e há influência entre os especialistas que impactam nas respostas.

Essa é uma ferramenta que ajuda as organizações a obterem informações sobre o futuro no desenvolvimento tecnológico, para então alimentá-las com informações relevantes para o plano estratégico de desenvolvimento.

Transferência Tecnológica

A invenção da escrita foi um marco para a humanidade. Uma ferramenta desenvolvida pelo homem, essencial para a difusão do conhecimento. A ciência grega produziu centenas de textos escritos que documentam o conhecimento sistemático em diversas áreas, como a cosmologia, a astronomia, a matemática e a medicina.

A medicina holística, por exemplo, não é nova; ela está de acordo com os fundamentos transmitidos por Hipócrates (430–370 a.C.). Ele é considerado o pai da medicina ocidental, a quem se atribui a frase "Faça de seu alimento a sua medicina". Esse e vários outros conhecimentos foram explicitamente escritos e, consequentemente, disseminados (transferidos) em outras culturas, exercendo uma influência que continua até os dias atuais. Hoje, a internet acelerou fortemente a difusão do conhecimento, facilitando o processo de transferência para outras pessoas ou culturas.

A transferência tecnológica é um processo acordado de disponibilização de habilidades, conhecimentos, tecnologias, métodos de manufatura e tipos de manufatura a indivíduos, empresas ou governos. O INPI (Instituto Nacional de Propriedade Intelectual) é a organização brasileira responsável pelo contrato de transferência de tecnologia entre as partes envolvidas, formalizado em um documento que contém todas as condições técnicas e econômicas para a transição da tecnologia em questão.

O aumento da transferência de uma tecnologia de um lugar para o outro ocorreu com o crescimento da internacionalização. Quando a empresa Dell, por exemplo, decidiu estabelecer uma fábrica no Brasil para produzir computadores desenvolvidos nos EUA, isso envolveu transferência de tecnologia de um país para outro, mas a tecnologia continuava dentro da mesma organização. Porém, o termo, transferência de tecnologia, ganhou ênfase para as tecnologias desenvolvidas nas instituições acadêmicas, principalmente as públicas, e concedidas para as empresas privadas que farão uso delas no processo de manufatura ou diretamente no produto ou serviço. As universidades e institutos de pesquisas não são empresas, elas não foram projetadas para desenvolver e produzir tecnologias em larga escala. Infelizmente, muitas tecnologias desenvolvidas nas universidades e institutos de pesquisa no Brasil morrem; um dos motivos é por que não existe uma indústria estabelecida no país capaz de absorvê-las.

Um exemplo é o foguete de sondagem VSB30, desenvolvido pelo IAE (Instituto Aeronáutica e Espaço), direcionado a realizar experimentos em ambientes microgravitacionais. Essa tecnologia já foi qualificada em voo e existe uma demanda brasileira e europeia, porém, até hoje, ela permanece no IAE. Toda vez que acontece uma missão de lançamento para experimentos suborbitais, o IAE precisa alocar recursos para desenvolver uma tecnologia já dominada, tempo esse que poderia ser alocado para o desenvolvimento de novas tecnologias.

Existe também a realização da transferência internacional de tecnologia, que ocorre quando uma empresa que desenvolveu uma determinada tecnologia num país permite a sua utilização por outra empresa instalada num outro país. Muitas empresas obtêm receitas financeiras com as vendas de suas patentes. É o caso da Kodak, que teve um ganho de US$535 milhões em 2013 com a venda de patentes de imagens digitais.

A IBM conta com mais de 250 mil pesquisadores habilitados para desenvolver tecnologias em conjunto com seus clientes, sendo uma das maiores empresas que licenciam tecnologias no mundo.

O INPI visa proteger os ativos de uma empresa que gostaria de licenciar uma tecnologia para outra empresa, ou o contrário, garantir o processo de obtenção de uma licença para impulsionar o negócio de uma empresa. O órgão auxilia no desenvolvimento de contratos que são averbados e/ou registrados para garantir a segurança dessas transações. Segundo o INPI, existem cinco tipos de contratos de transferência: exploração de patente e exploração de desenho industrial; uso de marca; franquia e fornecimento de tecnologia (*know-how*); e prestação de serviços de assistência técnica e científica. A seguir estão as explicações de cada tipo de contrato conforme o instituto. O *know-how* é muito utilizado no meio acadêmico e profissional e é o resultado da junção do "saber como" e "saber fazer". Portanto, ele pode ser considerado como o conjunto de conhecimentos técnicos e práticos para desenvolver determinada atividade.

1. ***Licença e cessão para exploração de patente e desenho industrial:*** Refere-se a contratos para autorizar a exploração por terceiros do objeto de uma patente regularmente depositada ou concedida no país e ao pedido de desenho industrial, identificando o direito de propriedade industrial.

2. ***Licença e cessão para uso de marca:*** Refere-se ao contrato que se destina a autorizar o uso efetivo de uma marca regularmente depositada ou registrada no país por terceiros.

3. ***Franquia:*** Já é mais complexa, pois envolve serviços, transferência de tecnologia e transmissão de padrões, além do uso de marca ou patente.

4. ***Fornecimento de tecnologia:*** É um contrato que estipula as condições para a aquisição de conhecimentos e técnicas não amparadas por direitos de propriedade industrial depositados ou concedidos no Brasil (*know-how*).

5. ***Serviços de assistência técnica e científica:*** Contrato que inclui a obtenção de técnicas para elaborar projetos ou estudos e a prestação de alguns serviços especializados.

Exploramos neste capítulo os principais tipos de inovação e seus respectivos impactos na sociedade e na economia, o método Delphi para levantamento de opiniões de especialistas sobre a evolução de determinada tecnologia ou grupo de tecnologias e os modelos de transferência da tecnologia de instituições públicas.

É importante saber diferenciar os tipos de inovação e entender que todos contribuem para o desenvolvimento econômico. No entanto, inovações disruptivas são mais raras e árduas, mas, quando são geradas, causam um forte movimento de aceleração econômica, impulsionando o desenvolvimento de outras inovações que dependiam dessa inovação de base.

▼▼▼

LIÇÕES APRENDIDAS

No Capítulo 3, você aprendeu que:

- Existe uma relação causal entre inovação e mudança, sendo a inovação o agente da mudança no sistema socioeconômico, e sua classificação depende do grau de impacto que ela gera no sistema.
- As inovações são classificadas em três grandes grupos: simples ou incrementais; novos produtos e inovações de base.
- As inovações simples ou incrementais são produtos, serviços ou processos que sofreram algum tipo de transformação.
- A inovação de novo produto consiste no desenvolvimento e lançamento de um produto ou serviço inédito no mercado. Porém, apesar do grande avanço tecnológico, essa inovação representa uma nova forma de usar uma tecnologia já existente.
- A inovação de base (também conhecida como disruptiva ou radical) baseia-se em uma novidade tecnológica ou mercadológica que leva à criação de um novo mercado, podendo ou não acarretar na descontinuidade do mercado existente. Esse tipo de inovação é o que gera maior impacto social e econômico no mundo, criando novos mercados, novas empresas e novos empregos, além de mudar hábitos e costumes da sociedade.
- A transferência tecnológica é um processo acordado de disponibilização de habilidades, conhecimentos, tecnologias, métodos e tipos de manufatura a indivíduos, empresas ou governos.

REFERÊNCIAS BIBLIOGRÁFICAS

ALLAGI. **Inovação aberta**. Disponível em: https://allagiopeninnovation.wordpress.com/. Acesso em 15/09/2016.

CHESBROUGH, H. W. **Open innovation**. Harvard Business School Press, Boston, MA, 2003.

CHESBROUGH, H. W.; CROWTHER, A. K. **Why Companies Should Have Open Business Models**. Mit Sloan Management Review, Winter, 2007.

CHIARONI, D., CHIESA, V., FRATTINI, F. **The Open Innovation Journey:** How firms dynamically implement the emerging innovation management paradigm. *Technovation* 31.1 (2011): 34-43.

DEVEZAS, T. **Notas de aula técnicas de previsão tecnológica**. Instituto Tecnológico da Aeronáutica, 2015.

DANTAS, G. COLAB55 – **Como Profissionais Criativos Podem Ganhar Dinheiro com Arte iIndependente**. Disponível em: https://www.designerd.com.br/colab55-como-profissionais-criativos-podem-ganhar-dinheiro-com-arte-independente/. Acesso em 25/09/2016.

INPI. **Guia Básico de Transferência de Tecnologia.** Disponível em: http://www.inpi.gov.br/menu-servicos/transferencia. Acesso em 26/09/2016.

VAN DER MEER, H. **Open Innovation – The Dutch Treat:** Challenges in Thinking in Business Models. Creativity and Innovation Management, 16(2), pp. 192-202, 2007.

OECD. (2002). **Frascati Manual:** Proposed Standard Practice for Surveys on Research and Experimental Development. Paris: OECD Publishing. iTEC (2016) http://www.plataformaitec.com.br/index.php. Acesso em 26/09/2016.

OIWEEK. **8ª Open Innovation Week**, São Paulo, 20160. Disponível em: http://www.oiweek.com.br/. Acesso em 30/09/2016.

NATURA. **Natura Campus**. Disponível em: http://www.naturacampus.com.br Acesso em 22/09/2016.

▼▼▼

CAPÍTULO 4

Empresas Baseadas em Inovação: Entendendo os Modelos das Organizações até as Startups

Este capítulo tem por objetivo abordar as principais características das organizações que favorecem a inovação. Dentre as organizações, daremos destaque, inicialmente, às startups. Para que o leitor possa identificar os perfis organizacionais que ainda estão presentes no mercado, também abordaremos os estilos das organizações ao longo das revoluções industriais que afetaram a forma como elas eram gerenciadas e como seus ambientes eram constituídos, além do que foi alterado a cada momento da história das organizações. Caracterizaremos a cultura e os elementos que constituem as organizações baseadas na inovação. Proporemos como uma organização baseada na inovação pode desenvolver uma estratégia que se apoie na identificação de uma vantagem competitiva. Por fim, apresentaremos como as startups alcançam um crescimento exponencial, ou seja, como elas expandem numa proporção bem acima em relação a uma empresa típica.

△△△

Entendendo as Startups: A Estrutura Lógica Inserida no seu DNA

Uma startup pode ser definida como "uma organização, geralmente de pequeno porte, que possui uma ideia inovadora, com elevado grau de incerteza e de riscos". Em outras palavras: "é uma organização que propõe um produto ou serviço inexistente, revolucionário, totalmente diferente de tudo já lançado, que possui um elevado grau de diferenciação e que, de preferência, não seja facilmente copiado." Para Eric Ries, um dos grandes estudiosos dessa temática, nas startups, a inovação é algo que se dá de baixo para cima, de forma descentralizada e imprevisível, mas que pode ser administrada por modelos de gestão diferentes dos padrões tradicionais.

As startups, por possuírem uma ideia muito diferente do que é ofertado no mercado, remetem ao risco e à incerteza sobre o sucesso do negócio, pois não detêm dados comparativos das experiências propostas por ela. Elas entendem que não é possível prever a reação dos clientes e do mercado. Muitas vezes, não será sequer possível imaginar efetivamente o resultado do seu próprio produto ou serviço. Para elas, também não existe produto ou serviço perfeito. Isso significa que um produto ou serviço pode ser lançado no mercado para um objetivo e, após a validação dos clientes, o uso pode se dar de forma diferente daquela para a qual foi concebido. Esse contexto reforça a incerteza e o risco que caracterizam o que é denominado *startup*.

Inicialmente, as startups referenciam-se a empresas de tecnologia da informação e da comunicação. Entretanto, o uso desta terminologia tem se tornando recorrente para qualquer empreendimento, ou projeto inovador, com elevado grau de risco e incerteza, podendo ser utilizado até mesmo em projetos na área pública. Consideraremos neste livro que qualquer produto ou serviço que apresentarem essas características serão uma startup, seja da área de tecnologia da informação e da comunicação ou não. Focaremos os conceitos que as caracterizam e o aprendizado que podemos obter com o entendimento delas, que apesar de serem "de e para" startups, muitos também poderão ser utilizados para qualquer tipo de negócio, independentemente do porte, do segmento ou da natureza da atividade, visto que tais abordagens constituem uma nova forma de pensar nos estilos de gestão das organizações e, principalmente, por estarmos diante de um mercado cada vez mais competitivo. O que provoca uma necessidade de revisar a maneira como as organizações são conduzidas.

O pensamento das startups considera que o fascínio por um planejamento estratégico empresarial bem estruturado, e uma pesquisa de mercado para definir uma estratégia organizacional sólida, não são mais adequados para os cenários de rápidas mudanças, visto que o tempo para defini-los na modalidade tradicional é tão longo que é provável que, ao finalizá-los, o mercado já esteja alterado. Além disso, para as startups, o planejamento estratégico é baseado num pensamento linear que considera o ambiente como relativamente estável, sendo que esse não é mais o cenário de convivência das organizações, que é cada vez menos estável. O pensamento linear é caracterizado porque parte-se do pressuposto de que o problema e a solução desejada são precisamente conhecidos. Com base nessa linha de pensamento, os recursos do planejamento estratégico empresarial e a tradicional pesquisa de mercado devem ser instrumentos para organizações já sedimentadas e estruturadas, e que já tenham uma história e percurso vivenciados (até serem atingidas pelo momento disruptivo).

O questionamento parte de: se é uma ideia inovadora e inexistente, como será possível estabelecer um planejamento tão complexo e "pesado"? Como será possível fazer uma pesquisa de mercado se as pessoas sequer entendem o que será lançado? Sabemos que não é possível pensar no mundo dos negócios sem planejar e pesquisar. Afinal, como as startups atuam?

Elas planejam e fazem suas pesquisas de mercado de forma mais ágil, interativa e flexível, sem nenhum grau elevado de sofisticação. Usam técnicas de *design thinking* para planejar seus produtos e serviços (veja o Capítulo 5), técnicas de modelagem de negócios para entender suas atividades (veja o Capítulo 6) e fazem contato direto com os clientes para compreender como foi a experiência com o uso do produto ou serviço ofertado de forma que possam revisá-los de imediato e relançá-los com os novos atributos sugeridos pelos clientes. Esse contato direto com o cliente é decorrente da técnica da Toyota conhecida como *genchi gembutsu*, que sugere "vá e veja por si mesmo", evitando a contratação de agências de propaganda e publicidade para fazer pesquisas de mercado. Nas startups, as decisões empresariais devem se basear no conhecimento direto, por experiência própria e sem intermediações.

As startups caracterizam-se pela agilidade, pelo aprendizado contínuo e pelo desapego. Pode ser estranho falar de desapego no mundo dos negócios, mas é isso mesmo: desapego das ideias, desapego das certezas. O que vale é ter a abertura e a flexibilidade para aprender e ouvir o que os clientes falam a respeito das experiências que tiveram com o uso do produto e/ou serviço. Em outras palavras: é necessário que os fundadores de uma startup estejam sempre abertos para aprender com os clientes. Nas empresas tradicionais, a postura costuma ser defensiva e às vezes até de "ataque" aos clientes. Ou seja, muitas vezes a empresa preocupa-se mais com justificar para o cliente porque faz uma ação ou outra do que com procurar entender o que ele está comunicando para a organização.

Na startup, a manifestação do cliente é entendida como uma oportunidade para aprender, revisar, melhorar ou até mesmo para mudar de direção. Ter essa atitude pressupõe o desapego do fundador, que às vezes insiste em querer que sua ideia prevaleça sobre a percepção do cliente. Segundo Eric Ries, é necessário aceitar que o que planejamos pode não ter relação com o que os clientes querem, e o que eles querem pode ser o contrário do que queremos. Ries completa afirmando que desenvolver algo que ninguém quer não terá muita importância, mesmo que ocorra dentro do prazo e do orçamento previstos.

A antiga ideia administrativa de que primeiro é necessário um tempo maior para o planejamento, e somente depois colocar a ideia em ação, é totalmente descartada no mundo das startups. Isso também não significa que vale o *just do it*, simplesmente faça. Deve-se fazer um planejamento, mas não pode ser de longo prazo, porque também não é possível planejar um produto perfeito. Afinal, o que seria um produto perfeito? Seria aquele produzido dentro de quatro paredes, fechado a sete chaves e que ninguém vê ou testa? Produto perfeito é aquele aceito no mercado e pelas pessoas. Somente sendo lançado no mercado é que será possível saber se ele será aceito ou não. Nessa dinâmica, entende-se que a organização deve lançar no mercado o que as startups chamam de *produto mínimo viável*, ou seja, o produto com as características essenciais da concepção da ideia, mesmo sabendo que ele poderá passar por uma série de mudanças ao ser utilizado pelos clientes, cabendo à organização estar próxima a eles para escutar suas queixas, sugestões, reclamações, dúvidas e opiniões. São essas informações fornecidas pelos clientes que possibilitarão que o produto se torne perfeito, desde que a organização aceite e valide adequadamente os *feedbacks* de seus clientes.

O produto mínimo viável é decorrente da ideia que as startups devem testar seus produtos e serviços, pois por meio dos testes é possível ter melhores indicadores de se os produtos e serviços estão adequados aos clientes no momento que eles os estão utilizando. Vale dizer que os clientes que fazem esses testes não são clientes comuns. Eles são conhecidos como *clientes adotantes iniciais*, e têm elevado interesse e comprometimento em fornecer feedback sobre os produtos e serviços. São críticos, exigentes e têm conhecimentos sobre a proposta ofertada, por isso são convidados para validar os testes, desde que forneçam o feedback para a startup.

As mudanças drásticas da economia global, o aumento da produtividade, as transformações decorrentes das novas tecnologias da informação e comunicação, e a perda contínua de empregos, têm favorecido a constituição das startups que não se adaptam à gestão tradicional, conforme veremos com mais detalhes ainda neste capítulo. O modelo de gestão das startups é baseado no *toyotismo*, ou seja, nas técnicas praticadas pela Toyota, que considera que o conhecimento e a criatividade de cada funcionário devem ser aproveitados ao máximo; que o conhecimento ocorre de baixo para cima; que os lotes de produção devem ser menores; que a produção deve ser do tipo *just in time* (sob demanda em tempo real); que o controle do estoque é essencial para a permanência das atividades da organização; que o tempo de ciclo dos produtos e processos são cada vez mais acelerados e curtos; e que o progresso ocorre com a aprendizagem contínua e validada pelo entendimento do desejos dos clientes.

A aprendizagem na startup é decorrente da interação contínua com os clientes e norteada por uma visão grandiosa e ambiciosa que impulsiona e acelera toda a operação da organização. Aprender significa permitir-se errar, fracassar. Se não foi possível errar, não há aprendizagem. Por lidar com as incertezas, deve-se pensar grande, mas começar pequeno. A aprendizagem é constituída pelo que Eric Ries (2012) chama de *ciclo de feedback*: a retroalimentação das informações e alterações nos produtos e serviços ofertados. Essa retroalimentação leva a startup ao processo decisório de *pivotar* ou *perseverar*. Pivotar significa abandonar a estratégia inicial, entender que a hipótese inicial era falsa. A pivotagem pode decorrer da escolha do segmento do cliente, da funcionalidade do produto, do recurso utilizado no produto, do ambiente de uso do produto, da tecnologia utilizada, da forma de obtenção de capital ou do canal de distribuição. Pivotar não significa fechar as portas ou começar do zero, mas ter como ponto de partida o momento de aprendizado em que a empresa está posicionada. *Perseverar* significa manter a estratégia. No contexto das startups, os empreendedores não devem desistir diante dos primeiros obstáculos, entretanto, também não devem perseverar até que ocorra um desastre; é necessário ter perseverança e flexibilidade.

A contabilidade das startups é verificada por diferentes indicadores, tais como: baixo investimento financeiro em estratégias de marketing, número de curtidas associadas ao produto ou serviço, número de seguidores, número de downloads do aplicativo, tempo de permanência na atividade, número de aderentes à ideia lançada, uso repetido dos produtos ou número de aprendizagens obtidas. Vale dizer que o elevado investimento em marketing num produto ou serviço inicial de uma startup pode mascarar se esse produto ou serviço está sendo bem aceito, pois pode indicar um crescimento que depois não se sustenta nesse status obtido inicialmente.

As Revoluções Industriais: Como Chegamos às Startups

De forma recorrente, duas perguntas que sempre surgem são: "O que são as startups?" e "De onde elas surgem?" A primeira pergunta foi respondida no tópico anterior e, quanto à segunda, uma das respostas é: por meio de evoluções científicas e tecnológicas que podem ser observadas a partir do entendimento das revoluções industriais. O que queremos demonstrar neste tópico é que as startups são decorrentes dos processos de desenvolvimento humano, fazem parte da humanidade e representam o momento atual de incorporação das novas tecnologias da informação e comunicação em muitas das atividades que desenvolvemos no nosso dia a dia.

Entende-se que o que caracteriza uma revolução industrial é a mudança abrupta e radical que ela provoca na forma como vivemos. Ela ocorre quando novas tecnologias e novas formas de perceber o mundo desencadeiam uma alteração profunda nas estruturas sociais e nos sistemas econômicos (Schwab, 2015). Até os dias de hoje, as revoluções industriais são contabilizadas em quatro.

A Primeira Revolução Industrial (1760 a 1840) foi caracterizada pela construção das ferrovias, pelas máquinas a vapor e pela produção mecânica. Já o que caracterizou a Segunda Revolução Industrial (final do século XIX e início do século XX) foram a eletricidade, as linhas de montagem e a produção em massa. A Terceira Revolução industrial (década de 1960) foi caracterizada pela revolução digital, ou dos computadores, a partir do uso dos semicondutores, da computação em *mainframe* (década de 1960), da computação pessoal (décadas de 1970 e 1980) e do uso da internet (década de 1990). Por fim, a Quarta Revolução Industrial (virada do século XX para o XXI), baseia-se na revolução digital, na internet móvel, no uso de sensores menores, mais poderosos e mais baratos, no uso da inteligência artificial e da aprendizagem automática (ou aprendizado de máquina).

De acordo com Schwab (2015), a primeira revolução percebida na forma de viver da humanidade foi a agrícola, e foi identificada há cerca de 10 mil anos, quando o ser humano buscava alimentos e domesticava os animais. A revolução agrícola combinou as forças dos animais e dos seres humanos em benefício da produção, do transporte e da comunicação. Essa revolução levou à urbanização e ao surgimento das cidades.

As outras revoluções industriais podem ser identificadas a partir da segunda metade do século XVIII, quando ocorreu a transição da força muscular para a mecânica, que evolui até hoje. A produção humana é aumentada por meio da potência aprimorada da cognição. As máquinas analógicas e digitais são incorporadas como uma extensão das potencialidades humanas. Aquilo que é "penoso" para o ser humano é possibilitado com maior facilidade e produtividade pelas máquinas, que passam a substituir os esforços humanos, sejam físicos ou cognitivos. Por exemplo: a capacidade de produção de um sapato é inúmeras vezes maior quando realizada por uma máquina. A capacidade de processamento e armazenamento de informações do ser humano é inúmeras vezes inferior ao que um sistema computacional pode executar. Além do aumento da produtividade, as máquinas não sofrem da "fadiga humana", o índice de erro e os custos são menores, e a possibilidade de réplicas é superior. As atividades rotineiras e repetitivas tornam-se cada vez mais fáceis de serem substituídas pelas máquinas analógicas e digitais, substituindo o trabalho humano baseado na força e na repetição pelo trabalho do pensamento e da análise que, posteriormente, tende a ser cada vez mais incorporado pela inteligência artificial.

Apesar de todos os avanços, segundo Schwab (2015), a Segunda Revolução Industrial ainda não é vivida por 17% da população mundial; ou seja, quase 1,3 bilhão de pessoas ainda não têm acesso à eletricidade e os benefícios da Terceira Revolução Industrial ainda não são sentidos por mais da metade da população mundial, visto que quatro bilhões de pessoas vivem em países em desenvolvimento sem acesso à internet. Enquanto o tear mecanizado levou quase 120 anos para se espalhar fora da Europa, a internet espalhou-se pelo globo em menos de uma década. A rapidez de acesso às novas tecnologias da informação e comunicação demonstra porque as mudanças tornam-se cada vez mais rápidas e mais transformadoras. A cada incorporação de uma nova tecnologia, novos processos são criados e novas configurações ocorrem nos processos já existentes, mudando completamente a forma do viver ser humano. Alguns são beneficiados com esses avanços tecnológicos, enquanto a maior parte da humanidade não é afetada por eles, aumentando ainda mais o fosso social entre os que têm acesso e os que não têm, os que conhecem e os que não conhecem e, de forma ainda mais acentuada, entre os que realizam e os que não realizam, simplesmente porque não conhecem, ou não sabem como fazer, como já era anunciado por Tapscott (1997). A falta de conhecimento coerente e positivo desses avanços apontarão as oportunidades e os desafios da Quarta Revolução Industrial, que tendem a se concentrar nas mãos e cabeças de poucos. Como anunciava Seymour Papert na década de 1990: os sistemas informatizados se tornarão tão fáceis de utilizar que qualquer pessoa sem qualificação conseguirá acessá-los e usá-los. Em outras palavras: poucos terão domínio sobre o conhecimento que gera a oferta dos produtos e serviços da era da Quarta Revolução Industrial.

As premissas que caracterizam a Quarta Revolução Industrial, na qual estão inseridas as startups de tecnologias da informação e comunicação, baseiam-se no entendimento de que essas tecnologias e a digitalização revolucionarão toda a forma do viver humano. Entretanto, ainda percebe-se um hiato, um espaço vazio, nas próprias organizações inerentes a essa Revolução Industrial: as lideranças organizacionais ainda têm um nível baixo de compreensão sobre as mudanças em curso, não as conhecem de forma efetiva e não sabem lidar com elas, seja no âmbito da própria organização, ou fora dela. As lideranças organizacionais também estão passando por um processo de mudanças rápidas na forma de gerir suas organizações, pois os modelos tradicionais da administração não são mais adequados aos novos modelos de negócios. As teorias da administração não foram estruturadas tendo como referência esses modelos de organização e essa estrutura social. As empresas novas, principalmente as startups, oferecem bens de informação e criam serviços e produtos nunca antes vistos. Bens baseados em algoritmos e que combinam recursos lógicos, físicos e biológicos, simultaneamente. E ao mesmo tempo em que atendem em escala, em comunidades, e para multidões, atendem de forma personalizada. Elas promovem uma gestão híbrida, que integra várias possibilidades de processos, gestão, pessoas e modelos organizacionais. Tudo isso é feito de uma só vez e de forma complexa, envolvendo conhecimentos interdisciplinares. Essas organizações também criam unidades de riquezas com cada vez menos trabalhadores, se comparadas às organizações de 10 ou 15 anos atrás.

Quem há 15 anos poderia imaginar que a maior organização de táxis do mundo não tem sequer um motorista e nenhum automóvel (Uber)? Da mesma forma, quem poderia imaginar uma organização de hotelaria que não tenha um quarto de sua propriedade (Airbnb)? Como imaginar um sistema de trânsito que faria cálculos em tempo real sendo alimentado pelos próprios usuários visando atualizá-los sobre as condições de tráfego (Waze)? Como imaginar organizações mundiais que selecionam empresas (startups) e pessoas para participar de oportunidades de trabalho, concursos e projetos especiais de acordo com diferentes demandas (Kaggle, Quirky, Local Motors, Google Ventures, Zappos)? Como imaginar o modelo de gestão dessas organizações se todos os elementos que as compõem são tão recentes e sem referenciais anteriores? Esses são apenas um dos desafios das empresas da Quarta Revolução Industrial.

As Trajetórias das Organizações: O que Mudou em Cada Era

Vivemos numa era constituída de organizações de diferentes tipos. Observe a sua proximidade e perceberá que está rodeado de organizações: instituições de ensino, supermercados, restaurantes, empresas de transportes, empresas de telecomunicação, fabricantes e lojistas de vestuário, empresas de abastecimento de combustíveis, dentre outras. As organizações podem ser de diferentes naturezas, seja pública, privada, com fins lucrativos ou não. Não é mais possível viver fora desse sistema de múltiplas organizações, sem falar daquelas típicas da Quarta Revolução Industrial. Basta verificar nossos smartphones, observar quantos aplicativos estão em nossas máquinas e perceber que cada um é produto de diferentes empresas que, provavelmente, são ou foram startups. Vivemos no século XXI com estruturas organizacionais cada vez mais complexas e dinâmicas. Não estamos mais no século XIX, sendo comandados por grandes impérios e nações, mas por organizações que podem ser grandes impérios; não pela grandeza física, pelo número de máquinas ou funcionários, mas pela capilaridade que elas têm sobre as vidas de muitas pessoas em todas as partes do mundo.

Entretanto, cada organização tem uma forma de ser gerida, variando conforme suas características, os conhecimentos envolvidos e seu próprio negócio. Com a expansão das organizações no final do século XIX, e principalmente no início do século XX até os dias atuais, cada vez mais os líderes passam a se preocupar em como melhorar o desempenho dessas organizações para ampliar seu tempo de sobrevivência. Essas melhores práticas de gestão organizacional começaram a ser estudadas cientificamente a partir do final do século XIX e início do século XX, tendo três engenheiros como contribuidores: Henry Ford, Jules Henri Fayol e Frederick Winslow Taylor. Cada um atuava em diferentes organizações e posições hierárquicas, e perceberam diferentes técnicas para melhorar seus desempenhos.

A administração das empresas passou a ser vista como ciência, pois seu objeto de estudo estava claramente definido (as organizações), e existiam técnicas e métodos que poderiam ser implementados para a melhoria dos seus resultados. Ou seja, seus resultados não eram oriundos apenas de um estado da arte. A administração passa a ser uma ciência e uma profissão (TAJRA, 2014, a). O entendimento da existência dessa ciência nos remete aos dias de hoje com as startups: como gerir essas organizações? Quais as melhores técnicas e métodos de trabalho que podem ser implementados?

Os *modelos organizacionais* são decorrentes das variáveis do macroambiente econômico, das eras empresariais e do ambiente interno de cada organização. Entretanto, nem todas acompanham as mudanças para se manterem vivas em longo prazo, tornando-as obsoletas cada vez mais rapidamente, gerando um ciclo de vida menor. Ou seja, apesar de vivermos na era das organizações, e novas organizações surgirem cada vez mais, elas também “morrem” mais facilmente.

As organizações mudam e estão mudando cada vez mais. No entanto, isso cria um paradoxo, pois essas mudanças nem sempre são incorporadas nas organizações, principalmente naquelas que já existem há anos e que operam na modalidade “sempre foi assim”. A ruptura do *modelo de gestão* existente não é fácil de ser implementada e nem ocorre tão rapidamente. Essas organizações existem e têm também uma história de sucesso nos seus modelos anteriores, logo, para os líderes, as propostas de mudanças podem soar como uma novidade baseada numa moda passageira. Vamos explicar a resistência e a dificuldade de implementar essas mudanças tendo como referência o macroambiente econômico, as eras empresariais e o ambiente interno das organizações.

Alvin Toffler, no livro *A Terceira Onda* (1980), fez uma análise de como a humanidade se organizou ao longo de sua existência em relação aos poderes econômico, social, cultural e político, e organizou didaticamente os períodos da humanidade em fases, denominadas por ele de “ondas” ou “eras”. Essas ondas foram: a agrícola, a industrial e da informação. A partir desse entendimento é possível afirmar que as organizações são um dos componentes da sociedade e são afetadas diretamente pelos fatores econômicos, sociais, culturais e políticos inerentes a cada uma dessas eras. Na Tabela 4.1, são apresentadas as características de cada uma dessas ondas e como elas afetam as organizações:

Tabela 4.1: Características das Organizações De Acordo com as Ondas.

Atributos	Onda Agrícola (Era Agrícola)	Onda Industrial (Era Industrial)	Onda da Informação (Era da Informação)
Forma de geração de riqueza	Conquistas territoriais e cultivo das riquezas oriundas da exploração dos recursos da terra.	Produção industrial e comércio de bens oriundos da indústria.	Informação e conhecimento oriundos da educação formal e informal.
Sistema de produção	Produção decorrente da exploração dos recursos da terra pelo trabalho humano, (produtos agrícolas, sementes). O homem era o produtor de energia para as atividades.	Produção em fábricas, com o uso de máquinas e equipamentos que processavam as matérias-primas por meio da energia oriunda do trabalho humano e das máquinas, financiados pelo capital financeiro.	A produção tem como referência a rapidez e os sistemas complexos de informação e comunicação.
Volume da produção	Produção em pequena escala, artesanal e baseada na subsistência, atendendo a cada necessidade de consumo.	Produção em larga escala, em série e em massa; abundância e excedentes de produção.	Produção em pequenos lotes e escalas, de acordo com as demandas dos clientes.
Mão de obra	Trabalho realizado pelo artesão, considerado o "proprietário" do negócio.	Trabalho realizado pelo proletário (empregado).	Trabalhador com autonomia.

Atributos	Onda Agrícola (Era Agrícola)	Onda Industrial (Era Industrial)	Onda da Informação (Era da Informação)
Visão do processo	Percepção sistêmica do processo; o artesão era responsável por todo o processo e o conhecia do início ao fim, o que incluía todas as etapas, tais como: compra de matéria-prima, produção propriamente dita, comercialização e assistência técnica do pós-venda.	Percepção cartesiana, fragmentada e especializada do processo. O importante era ter uma visão aprofundada das partes. Visão de especialista.	Percepção sistêmica e voltada para o ambiente externo do processo.
Valorização do ser humano	Valorização da força física e muscular do ser humano. O "bom" trabalhador era o que tinha boas condições físicas.	Valorização da obediência às regras e orientações, da disciplina e de boas condições físicas do "bom trabalhador".	Valorização de pessoas colaborativas e criativas, que pensam, sugerem novas ideias e melhoram continuamente.
Ciclo de vida dos produtos e empresas	Produtos disponíveis para subsistência.	Produtos duráveis, empresas estáveis e com longo ciclo de vida.	Produtos com pouca durabilidade, foco nos produtos com baixo ciclo de vida; produtos "descartáveis". Elevado índice de mortalidade das empresas.

FONTE: Adaptado de Tajra a, 2014

A era que vivemos no início do século XXI é conhecida como a Era do Conhecimento. O conhecimento é considerado um dos insumos mais importantes para a geração de riquezas atualmente. Antes dela, a humanidade gerava riquezas por meio da produção agrária (Era Agrícola), depois por meio da produção em massa e serial pelas indústrias (Era Industrial) e, em seguida, pela possibilidade de disseminação das informações por meio dos computadores (Era da Informação). Mas não basta ter acesso às informações, é necessário saber o que fazer com elas. Saber lidar, ser capaz de fazer escolhas pelas interfaces entre as informações é *conhecer*. Conhecer resulta de um processo educacional que lhe permite fazer a crítica e a análise das informações para ser capaz de tomar decisões e realizar algo.

Outra leitura realizada sobre o momento atual o reconhece como a Era da Comunicação. Em decorrência dos avanços nas áreas de informação e comunicação, vivemos numa rede de comunicação que conecta computadores de todo o mundo, o que favorece a rapidez em todas as transações mundiais, caracterizando o contexto da Era da Comunicação. O ambiente desta era é baseado em informações, logo, ela proporciona oportunidades fundamentalmente disruptivas. A produtividade nas organizações passa a valorizar o *fazer diferente*, o ser humano pela sua capacidade de inovação e criação. As organizações passam a necessitar de pessoas com perfis bem diferentes dos modelos anteriores. Veja na Tabela 4.2 como os modelos de gestão compõem os sistemas organizacionais.

Tabela 4.2: Características das Organizações De Acordo com as Eras.

Década	Modelos de Gestão	Eras das Organizações	Características
1920	Modelo tradicional	Era da produção em massa	Foco na produção em grande escala sem preocupação com a qualidade e o cliente. A administração passou a ser percebida como uma ciência e teve como grandes contribuintes os engenheiros Frederick Taylor e Jules Fayol. Surgiu a abordagem da administração das relações humanas, que passou a ver o homem como o centro de todo o desenvolvimento organizacional.

Década	Modelos de Gestão	Eras das Organizações	Características
1950	Modelo tradicional	Era da eficiência	Administração burocrática, baseada em controles administrativos internos. Foco nas funções administrativas: planejar, controlar, coordenar e gerenciar os recursos financeiros. Também eram focados o elevado grau de padronização de processos, a centralização do processo decisório, a sincronização no tempo das tarefas e a maximização do crescimento e da grandeza.
1970	Modelo contemporâneo	Era da qualidade	Foco na melhoria contínua e no atendimento aos requisitos dos clientes. Surgiu a percepção do cliente como fator primordial para o desenvolvimento e para a sustentabilidade da organização.
1990	Modelo contemporâneo	Era da competitividade	Foco na economia globalizada. A concorrência aumentou e as organizações buscavam cada vez mais novos modelos de gestão, tais como: reengenharia, terceirização, inovação, entre outros.
2000	Modelo emergente	Era atual	Estes modelos ainda estão em fase de evolução e não têm um formato filosófico totalmente concebido, porém são oriundos dos avanços das teorias anteriores, seja pelas mudanças no mercado ou pelas tecnologias. Os principais modelos são: • Empresa virtual • Gestão do conhecimento • Modelos biológicos/quânticos/teoria do caos/ complexidade.

Fonte: Adaptado de Tajra a, 2014

As empresas contemporâneas e emergentes, como mostra a Tabela 4.2, favorecem a inovação nas organizações. São as organizações empreendedoras que favorecem a postura organizacional empreendedora, a gestão por centro de negócios, o desenvolvimento de atividades que atendam às diferentes expectativas das partes interessadas e que valorize os resultados para os colaboradores (TAJRA, a. 2014), conforme detalhado na Tabela 4.3 a seguir.

Tabela 4.3: Características das Empresas Empreendedoras que Favorecem a Inovação.

Intraempreendedorismo	A cultura organizacional estimula continuamente a mudança, a inovação e o desenvolvimento.
Equipes empreendedoras	Os líderes estimulam novos negócios e diferentes formas de trabalhar continuamente.
Centros de negócios	Cada setor da organização é considerado um "negócio", devendo ser gerenciado individualmente com informações sobre suas receitas, custos e lucros.
Partes interessadas (atores/ *stakeholders*)	A organização busca conhecer as expectativas de todas as partes (sócios, funcionários/colaboradores, fornecedores, governo, comunidade, clientes, entre outros) para atender às suas necessidades, o que é essencial para o sucesso organizacional.
Participação nos resultados	Os colaboradores participam da distribuição dos resultados financeiros.
Participação societária	Os proprietários da empresa permitem que os funcionários sejam acionistas, visando estimular o comprometimento.

Fonte: As autoras

As organizações com modelo contemporâneo são voltadas para os clientes, têm visão sistêmica e holística e incorporam cada vez mais os modelos de organizações virtuais, que se estruturam nas redes digitais.

Os modelos emergentes de organizações ainda não estão consolidados nas Teorias da Administração, pois ainda foram pouco estudados, apesar de constituírem os objetos de estudo de muitas pesquisas e estudiosos, como é proposto neste livro. As organizações que seguem esse modelo de gestão contam com uma equipe formada por pessoas geradoras de receitas e oportunidades, que tenham conhecimentos e capacidade de mantê-los atualizados e líderes que apoiam seus colegas, que convivem com ambientes caóticos e acreditem que o caos favorece a geração de novas ideias, que o relacionamento com os clientes é interativo e pessoal, que o foco do negócio é o conhecimento e a inovação, e que o valor das organizações é decorrente, em grande parte, dos ativos intangíveis, oriundos do capital intelectual.

O modelo de gestão emergente convive com esse mundo das startups, em que existem bilhões de pessoas conectadas por dispositivos móveis com elevado poder de processamento e recursos de armazenamento, em que o acesso ao conhecimento acontece de forma sem precedentes. Nesse ambiente, existe profusão das novidades tecnológicas, seja de inteligência artificial (IA), robótica, Internet das Coisas (IoT), veículos autônomos, impressões em 3D, nanotecnologia, biotecnologia, ciência dos materiais, armazenamento de energia, ou computação quântica, que afetam o sistema de produção, consumo, transporte e logística, além de proporcionarem novas formas de trabalhar, comunicar, expressar, informar e divertir. Esse novo ambiente, típico da Quarta Revolução Industrial, reformula a forma de governança dos governos, as metodologias educacionais, os serviços de saúde e de transportes. Entretanto, ainda ocorrerão os desdobramentos da adoção das tecnologias emergentes ainda desconhecidas.

Para Klaus Schwab (2015), essa complexidade requer a interconexão de todos os envolvidos — trabalho em conjunto — para melhor compreender as tendências emergentes que remodelarão o contexto econômico, social, cultural e humano em que vivemos, cabendo aos tomadores de decisões o rompimento do pensamento tradicional linear e exigindo que pensem de forma estratégica sobre a inovação. A Quarta Revolução Industrial é caracterizada pela elevada velocidade e pelo ritmo exponencial e não linear de crescimento. As novas tecnologias geram outras mais novas e cada vez mais qualificadas, amplas e profundas, combinando várias tecnologias que têm impactos sistêmicos, modificando o "quê" e "como" fazemos e "quem somos". Ela tem o poder de transformar sistemas inteiros (países, empresas, indústrias, sociedade).

A tecnologia é decorrente do desenvolvimento científico promovido pelo ser humano. Ela não é uma força externa sobre a qual não temos nenhum controle. Ignorar esses acontecimentos, evoluções, desenvolvimentos e transformações é se excluir do processo de mudança, pois não se trata de uma escolha binária entre aceitar e viver com ela, rejeitar e viver sem ela; ela estará nas nossas relações de trabalho e de convivência pessoal. Participar e se inserir nos acontecimentos da Quarta Revolução Industrial significa garantir que ela seja centrada no ser humano, em vez de desumana. Como afirma Schwab (2015): ela não é para um único interessado ou setor, região, indústria ou cultura. Para que os acontecimentos e frutos desta revolução sejam considerados benéficos para todos é necessário gerar interações, colaborações e cooperações entre os *stakeholders*.

Diante desse cenário, é possível perceber que as organizações não podem ser as mesmas, não podem ser geridas da mesma forma e trabalhar sem considerar o contexto tecnológico no qual estamos inseridos.

Empresas Baseadas em Inovação: Características Essenciais para Ambientes, Pessoas e Líderes

Como vimos ao longo deste capítulo, e dos demais deste livro, as organizações precisam se reposicionar em relação ao contexto atual e entender que a inovação é um elemento típico do momento em que vivemos no início do século XXI. Para isso, elas precisam revisar seu modelo de gestão e a estratégia adotada e, ao mesmo tempo, fazer com que tudo isso ocorra no dia a dia da organização. A seguir, apresentaremos algumas sugestões de como as organizações podem implementar uma *cultura da inovação* considerando três elementos: ambiente, pessoas e liderança.

▼▼▼ Figura 4.1: Cultura Organizacional Baseada na Inovação.

Fonte: Elaborado pelas autoras

Características dos Ambientes Organizacionais Favoráveis à Inovação

De acordo com Estrin (2010) e Serafim (2011), ambientes organizacionais favoráveis à inovação devem proporcionar condições para o questionamento e a capacidade de assumir riscos, incentivar a postura empreendedora, ter abertura para pensar diferente, ser tolerante em relação ao erro, ter paciência, tempo para inovar, confiança da equipe, reconhecimento e valorizar a diversidade. Veja a seguir como essas variáveis devem ocorrer nos ambientes organizacionais.

- **Crie um ambiente de questionamento:** A inovação é decorrente da curiosidade. Questionar por que um produto ou serviço deu errado, se existe uma forma melhor de realizar um trabalho ou produto, o que ainda não existe e pode ser criado, tudo isso faz parte do ambiente que favorece a inovação. Estimular as pessoas a fazer perguntas é uma ótima forma de fomentar a inovação. Utilize a técnica dos 5W2H, perguntando: o que aconteceu? Por que aconteceu? Como aconteceu? Quando aconteceu? Quem foi afetado e participou? Há quanto tempo? Quanto custou? Questionar faz com que tenhamos que pensar nas respostas e as respostas podem ser criativas ou, até mesmo, responder perguntas que ainda não tinham sido pensadas. Use também a técnica dos 5 Por quês: pergunte por que "tal situação" ocorreu e, a partir da resposta, elabore mais quatro vezes o "por quê".

- **O ambiente deve ser favorável à assunção de riscos:** Inovar tem uma relação direta com a capacidade de assumir riscos. Riscos calculados, sem colocar a organização numa situação vulnerável. Saber lidar com o erro e com o fracasso é muito importante para quem lida com inovação, pois é a partir do aprendizado com os erros e com as situações de fracasso que saem grandes oportunidades de inovação. Numa organização, as pessoas necessitam sentir-se seguras para que possam conviver com esta situação de forma mais tranquila para alcançar o sucesso.
- **A cultura organizacional deve incentivar a postura empreendedora, conhecida como intraempreendedora:** Uma empresa só cresce, se desenvolve, e se modifica, se estiver aberta a pensar e agir de forma diferente. As pessoas dentro de uma organização precisam ter entusiasmo para realizar, para propor as melhorias. Dessa forma, elas terão autoconfiança para empreender. Os colaboradores devem desejar participar e colaborar com as melhorias da organização, bem como com a criação de novos produtos. Junto com o crescimento organizacional, cada vez mais profissionais devem estar qualificados para manter o "motor" da organização funcionando e promovendo novas oportunidades.

- **Abertura e flexibilidade de pensamento:** Para inovar é preciso ter mente aberta, pensamento flexível, liberdade para criar e imaginar diferentes formas de "realizar", ter uma percepção ampla do que pode ser feito. É necessário se permitir pensar "fora da caixa", romper os próprios paradigmas. Estimule dentro da organização a pergunta: "Por que não?" Contrarie as colocações, os argumentos apresentados. Em outras palavras: veja sob outra perspectiva. Uma forma de fazer isso na prática é utilizando a técnica dos 6 chapéus, apresentada no Capítulo 6.
- **Cultura de tolerância ao erro:** Sabe-se que muitas das inovações são oriundas de ideias que não deram certo. Não existe processo de inovação sem erros. Como ocorreu com Thomas Edson: foi necessário descartar mais de mil substâncias para encontrar a fórmula correta para a lâmpada. Vale lembrar que erros aceitos e permitidos nos processos de inovação são aqueles que têm como foco o objetivo organizacional. Nesse contexto, erros por displicência, por falta de comprometimento e desleixo não são aceitos.
- **Paciência na superação dos obstáculos:** A paciência nesse contexto não significa ser passivo, mas ter persistência em insistir numa ideia na busca pela superação de obstáculos, e atingir resultados desafiadores. Em muitas situações, os resultados não são imediatos; existe um grande esforço e dedicação até que os objetivos propostos sejam alcançados.
- **Disponibilidade de tempo para inovação:** Muitas empresas que têm uma cultura para a inovação liberam parte do tempo dos colaboradores para criar, transformar e melhorar continuamente os projetos e produtos da organização. A 3M é a empresa mais famosa que realiza essa prática: desde 1940 a sua equipe técnica dispõe de 15% do seu tempo para trabalhos que considerem apaixonantes.
- **Confiança na equipe:** A confiança é considerada uma das características mais elementares para a manutenção de relacionamentos bons e duradouros entre os membros de uma equipe. Um cli-

ma organizacional favorável à confiança permite que as pessoas envolvidas na organização fiquem motivadas e tenham um grau maior de comprometimento. Quem confia, se envolve, se compromete e se dedica.

- **Reconhecimento:** Pessoas que trabalham em organizações favoráveis à inovação gostam de ser reconhecidas pelas suas realizações e contribuições. Elas devem ser estimuladas a sugerir melhores ideias e práticas para a organização. Muitas dessas organizações aplicam a prática de "premiações para as melhores ideias" e reconhecem os ganhos gerados pela implementação dessas melhorias.
- **Diversidade da equipe:** Outro elemento típico dos ambientes organizacionais que favorecem a inovação é o estímulo da composição de grupos com pessoas diferentes, seja em relação à área de formação, à faixa etária, ao gênero, à cultura, à religião, à etnia. Grupos diversos são mais ricos e propensos a gerarem ideias mais criativas. A homogeneidade, apesar de ser mais fácil de ser gerenciada, não é propícia para a inovação. Continuaremos essa análise no Capítulo 5, quando discutiremos as características para as equipes de *design thinking*.

Liderança nas Organizações Baseadas em Inovação

Depois de conhecer algumas características que compõem os ambientes favoráveis à inovação, cabe a pergunta: quem promove esse tipo de organização? Diríamos que são os líderes e as pessoas que trabalham nela.

Liderar é a capacidade que uma pessoa tem de influenciar e conduzir outras a atingir um determinado objetivo. Em organizações inovadoras, a existência de pessoas com perfil de liderança alinhadas a essa cultura organizacional é essencial. Os líderes devem encorajar seus liderados questionando-os, permitindo-os experimentar, errar, e propor ideias diversas. Deve também estar aberto a ideias contrárias às suas, estimular as iniciativas da equipe e incentivá-la na resolução de problemas, criar um ambiente de confiança, estimular a construção de um pensamento amplo e flexível, permitir o uso do tempo para pensar em ideias criativas, reconhecer os talentos de sua equipe e saber lidar e propor a diversidade.

Ambientes de trabalho monótonos, sem dinamicidade e com equipes homogêneas no paradigma tradicional significavam que estavam adequados e que a gestão possuía controle sobre as operações. Entretanto, ambientes organizacionais com essas características são uma verdadeira armadilha, pois condicionam as pessoas a uma posição de estabilidade e acomodação, não favorecendo a geração de ideias. Esses ambientes não são adequados para empresas baseadas em inovação e, consequentemente, também não são adequados para a inovação.

O *job rotation* (rotatividade de funções) pode ser uma técnica a ser estimulada nas empresas com a cultura da inovação, visto que os funcionários são estimulados a ter diferentes experiências, relacionamentos, conhecimentos e experiências, o que favorece a ampliação da sua visão na forma de desenvolvimento de seus trabalhos e da promoção de equipes diversas, mais ricas, abertas para novos aprendizados e disponíveis para implementar mudanças em suas operações. Luiz Serafim (2011) chama o resultado desta prática de *blend*, pois ela potencializa a inovação como um dos resultados desejados pelos líderes das organizações que a objetivam. No Capítulo 5, você verá também uma sugestão de tempo de permanência do funcionário numa mesma atividade na organização e como isso pode impactar, positiva ou negativamente, as atividades organizacionais em prol da inovação.

As organizações inovadoras consideram as pessoas como seu principal ativo, visto que elas têm o conhecimento e o entusiasmo para realizar seus trabalhos com paixão. Por serem apaixonadas pelo que fazem, tornam-se pessoas mais criativas e abertas para fazer cada vez mais e melhor.

Terminologias Essenciais para Entender as Empresas Baseadas em Inovação: Conhecimento, Criatividade e Empreendedorismo

As organizações tradicionais têm demonstrado muitas dificuldades em enfrentar todas as turbulências mencionadas, e ainda não sabem lidar com problemas relacionados ao aumento exponencial e à renovação acelerada do conhecimento. Elas encontram-se diante de um grande desafio: como prolongar seu ciclo de vida? Provavelmente, investirão continuamente na busca pela inovação, caso contrário, estarão fadadas a encerrarem suas atividades antes mesmo de crescerem. Esse tópico propõe conceituar de forma mais objetiva algumas terminologias essenciais para entender as empresas baseadas em inovação, que são: conhecimento, criatividade e empreendedorismo.

Conhecimento

Para entender o que é conhecimento é necessário distinguir o que são dados, informação e educação. O conhecimento é resultante da interação desses três elementos.

Dados são a menor parte de uma informação. Isoladamente, não têm significado. Imagine a sua ficha cadastral num hospital. Nela, são preenchidos vários dados sobre a sua pessoa e condições de saúde. Qual seria o significado apenas da sua idade? Provavelmente não teria nenhum significado em relação à sua saúde. Ou seja, a sua idade é um *dado*.

A *informação* é um conjunto de dados agrupados de acordo com um objetivo. A ficha cadastral com todos os seus dados oferece uma posição sobre sua saúde. Ela tem informações com um significado, tem um sentido no seu conjunto. É possível afirmar que essa ficha se refere a uma pessoa e seu estado de saúde. Enquanto que, na explicação anterior, somente a sua idade não teria nenhuma representatividade.

A *educação* nos permite analisar, refletir, avaliar e questionar as informações recebidas. Quando não temos a capacidade de analisar, refletir, criticar, avaliar e questionar somos conduzidos a aceitar informações como verdadeiras e válidas a respeito de uma determinada realidade. Por exemplo: diariamente, recebemos muitas informações pelas mídias digitais. Como podemos validá-las se não sei questionar, analisar e avaliar?

O conhecimento é o saber o que fazer sobre uma informação recebida. Um conjunto de dados agrupados por um objetivo gera uma informação. A capacidade crítica de realizar uma análise sobre o que fazer com essa informação, como tomar decisões, é denominada *conhecimento*.

O conhecimento é intangível, não é físico. Muitas vezes, ele está na cabeça dos colaboradores e isso torna-se uma grande preocupação para as organizações. Elas se diferenciam pelas informações e conhecimentos que desenvolvem e adquirem. Portanto, uma das preocupações que as organizações têm é como reterão as informações que estão na cabeça dos colaboradores e como elas serão compartilhadas na organização, evitando, dessa forma, a centralização e a perda das informações e conhecimentos.

Criatividade é a capacidade de criar, produzir ou inventar coisas novas em qualquer segmento de negócio, é ser capaz de inovar. Ter criatividade significa pensar "além da caixa", fora dela, ou ainda pensar e agir "fora do quadrado". Ter criatividade significa pensar e agir de forma diferente, de forma pioneira, sem copiar o sucesso alheio.

Empreendedorismo é a capacidade e a abertura para provocar mudanças, realizar e promover transformações. Empreender significa transformar uma ideia em ação, ou seja, implementá-la. Ser empreendedor tem uma relação direta com a forma de sermos, como lidamos e como superamos as dificuldades que encontramos no dia a dia. A postura empreendedora caracteriza um estilo de gerenciamento, de saber lidar com incertezas, de correr riscos, de buscar resultados para todos os *stakeholders* que são afetadas pelo empreendimento.

Quando nos referimos ao empreendedorismo, pressupomos que o processo de inovação será favorecido. Entende-se que as empresas necessitam estimular o espírito empreendedor nos seus funcionários como uma forma de manter o ímpeto de inovação, de vontade de vencer e de manutenção do entusiasmo da equipe.

A Estratégia Azul e as Empresas Baseadas em Inovação

Para os autores Renée Mauborgne e W. Chan Kim, autores do livro *A Estratégia do Oceano Azul*, uma empresa está posicionada num oceano azul quando encontra um diferencial expressivo a ponto de "desprezar" a concorrência, pois ela se encontra com uma vantagem competitiva tão diferenciada que está sem concorrentes. Ou seja, é quando ela conseguiu identificar e implementar uma inovação percebida pelos clientes a ponto deles se predisporem a pagar por esse valor adicional.

O espaço no mercado em que a empresa não tem concorrentes é denominado pelos autores como *oceano azul*, enquanto o espaço no mercado em que se tem muitos concorrentes é conhecido como *oceano vermelho*. A diferenciação das empresas no oceano vermelho dá-se pelos preços praticados, não tendo outras vantagens comparativas com a concorrência.

Mesmo uma organização identificando uma inovação que a posicione no mercado (oceano) azul é necessário considerar que as vantagens competitivas não são permanentes, elas necessitarão sempre ser revistas e aprimoradas continuamente. A única vantagem competitiva que uma empresa pode adotar de forma permanente é por meio do estímulo à aprendizagem organizacional, que favorecerá a incorporação da cultura da inovação, sempre beneficiando o surgimento de novas ideias para serem lançadas no mercado, seja pelo aprimoramento dos produtos e serviços já existentes, seja através da criação de novos. A partir da cultura da inovação, a empresa conseguirá anular ou minimizar as vulnerabilidades com as quais conviverá.

Quando a organização cria uma inovação, ela criará um valor para suas atividades de tal forma que os clientes estejam dispostos a pagar pela diferenciação ofertada por ela. O preço final do produto ou serviço deve posicionar a empresa com valores acima da concorrência, sendo que esse novo posicionamento deve ser percebido e aceito pelos clientes. Somente assim é que podemos dizer que uma estratégia "azul" foi bem pensada e implementada.

Renée Mauborgne e W. Chan Kim sugerem utilizar a ferramenta Matriz das 4 Ações para pensar estratégias de inovação para atingir os objetivos organizacionais. A *Matriz das 4 Ações* propõe que a organização identifique os principais atributos que caracterizam um segmento de negócio, ou seja, quais são as características essenciais daquele segmento. E, em seguida, seja realizada uma análise do que deve ser eliminado, elevado, reduzido e, assim, ter a criatividade para pensar nas características que devem ser criadas, conforme demonstrado na Figura 4.2 a seguir:

▼▼▼ FIGURA 4.2: Matriz das 4 Ações.[1]

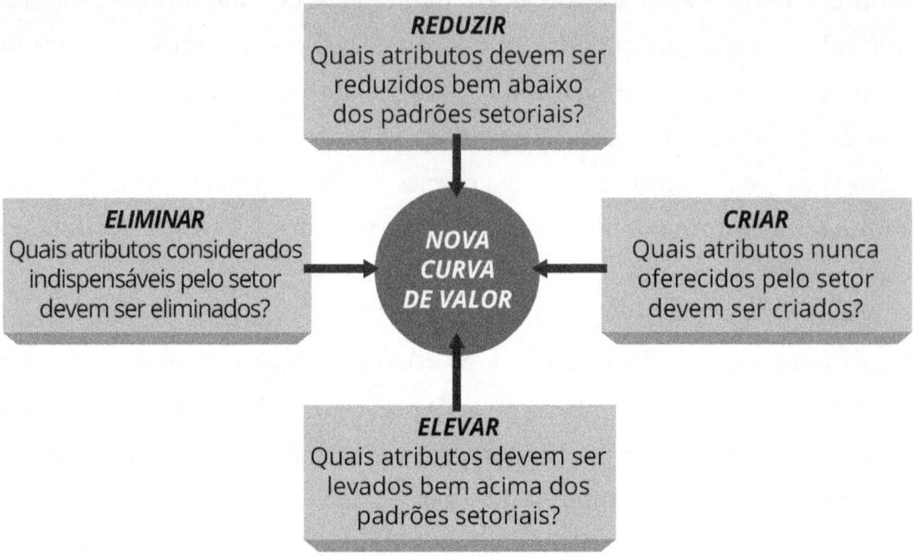

FONTE: Adaptada do livro de KIM e MAUBORGNE (2005)

Para elaborar essa matriz, o primeiro passo é listar todas as características (atributos) que definem um segmento de negócio e, em seguida, questionar o que cada uma das quatro ações propõe: quais dos atributos devem ser reduzidos? Quais devem ser eliminados? Quais devem ser elevados? Quais devem ser criados? Ao criar novos atributos, entende-se que a organização criou um novo valor para se posicionar estrategicamente no mercado, acima da concorrência.

Além da Matriz das 4 Ações, os autores propõem a reconstrução das fronteiras, sugerindo uma reanálise do negócio visando identificar oportunidades de inovação. Alguns aspectos dessa abordagem se assemelham com as de Tim Brown quanto às técnicas sugeridas para trabalhar com o *design thiking* para estimular os momentos de *insight* (veja o Capítulo 5). A reconstrução das fronteiras ocorre pelas seguintes análises:

[1] Figura adaptada do livro *A Estratégia do Oceano Azul*

- **Exame dos setores alternativos**: Sugere-se que a empresa conheça a concorrência alternativa que é constituída pelas empresas que possuem formas e funções diferentes, mas que têm o mesmo propósito. Por exemplo: é possível dizer que o cinema é um concorrente de um restaurante. Muitas vezes uma pessoa não vai ao restaurante porque optou por ir ao cinema. Tais opções podem ser as alternativas para alguém quando deseja usufruir de um momento de diversão. Ao identificar os setores alternativos, identifique quais atributos deles podem ser incorporados ao negócio em análise.
- **Exame dos grupos estratégicos dentro dos setores:** Sugere-se que a empresa conheça o que a concorrência de serviços similares está desenvolvendo e identifique porque existem clientes que optam pelos diferentes tipos de serviços dentro do mesmo segmento. Por exemplo: o que faz uma pessoa procurar uma academia e, ao mesmo tempo, porque outras preferem fazer exercícios em casa? Ou seja, no segmento de atividade física, é possível ter diferentes tipos de oferta de serviços. Ao identificar os grupos estratégicos dentro dos setores, identifique seus atributos e verifique o que é possível incorporar ao negócio em análise.
- **Exame da cadeia de compradores:** Sugere-se que a empresa conheça todos aqueles que participam do processo de aquisição de seus produtos e serviços, bem como as pessoas que influenciam o processo de compras. Por exemplo: as crianças são usuárias de fraldas, porém são seus pais que as compram e influenciam qual a melhor fralda a ser adquirida. Ao identificar os compradores e influenciadores, identifique os atributos que podem ser incorporados ao negócio em análise.
- **Exame das ofertas de produtos e serviços complementares:** Sugere-se que a empresa verifique o que acontece antes e durante o uso de um serviço e produto. Por exemplo: durante o período em que um aluno frequenta a faculdade, ele necessita de serviços complementares, tais como lanchonetes, fotocopiadoras, dentre outros.

Ao identificar os produtos e serviços complementares, identifique o que é possível incorporar ao negócio em análise.

- **Exame dos apelos funcionais e emocionais dos compradores:** Sugere-se que a empresa perceba se os apelos de seus produtos e serviços são *funcionais* ou *emocionais*. Se são emocionais, a empresa precisará desenvolver atributos funcionais e vice-versa. Por exemplo: a estratégia da Alpargatas em criar estampas para o chinelo é considerada como criação de um apelo emocional para um produto funcional. Nesse sentido, sugere-se que o produto ou serviço seja classificado como funcional ou emocional e, em seguida, seja estabelecida a incorporação de algum atributo que estimule a funcionalidade ou a emoção deles.
- **Examine o transcurso do tempo:** Sugere-se que a empresa esteja atenta às tendências tecnológicas do seu negócio. Dessa forma, compete à empresa analisar o percurso da incorporação dessa tecnologia em seus produtos e serviços.

As Startups e o Crescimento Exponencial

Salim Ismail tem se destacado como um dos estudiosos das *organizações exponenciais* (ExO), ou seja, aquelas que possuem uma expansão muito superior em relação às organizações típicas, que são "construídas com base nas tecnologias da informação, desmaterializam o que antes era da natureza física e transfere ao mundo digital sob demanda" (Ismail et. al, 2015, p. 19). Essas organizações, em geral, se constituem inicialmente como uma startup, são constituídas por profissionais empreendedores que trabalham com tecnologias distribuídas pela internet e passam a ser as grandes concorrentes de grandes empresas. Peter H. Dimandis, fundador e presidente da X Prize Foundation, afirma que isso significa que as maiores concorrentes das empresas multinacionais tendem a ser aquelas que nascem numa garagem, que utilizam as mais recentes ferramentas online para projetar e imprimir a partir da nuvem sua mais recente inovação. Para Islmail et. al (2015), a internet é o sistema nervoso do mundo, e cada smartphone é considerado como um "nó" e ponto de acesso à rede.

O sucesso das organizações exponenciais deve-se ao modelo organizacional que elas adotam, que as torna escaláveis, velozes e inteligentes com um mínimo de tempo e recursos. Elas usam novas técnicas organizacionais que alavancam as tecnologias aceleradas (Ismail et. al, 2015). Exemplos dessas empresas são: o YouTube, que, em 18 meses, deixou de ser uma startup e foi comprado pelo Google; a Groupon, que em menos de dois anos atingiu US$6 bilhões; e a Uber, que também em dois anos atingiu US$17 bilhões. Cada vez mais, o retorno sobre o investimento se torna mais rápido devido à escala que essas empresas alcançam em um curto espaço de tempo. Estima-se que a relação preço/desempenho dobra a cada um ou dois anos.

Para chegarem ao conceito de Organizações Exponenciais e entenderem como elas trabalham para atingir tamanho sucesso, Ismail et. al (2015) recorreu à análise de 60 livros sobre gestão da inovação, entrevistou executivos e 90 empreendedores e visionários, investigou as características das 100 startups mais bem sucedidas do Clube Unicórnio (startups com valor de mercado estimado em bilhões de dólares), e avaliou apresentações dos docentes da Singularity University.

Como É Constituída a Organização de uma Empresa Exponencial (ExO)

Os autores que definem as organizações exponenciais explicam sua estrutura de funcionamento a partir de atributos internos e externos. Os atributos internos são conhecidos como IDEAS e os externos como SCALE. Os atributos internos constituem o que a neurociência atribui ao lado esquerdo do cérebro, as variáveis relacionadas à ordem, ao controle e à estabilidade; enquanto os atributos externos são aqueles associados ao lado direito do cérebro e relacionados à criatividade, ao crescimento e à incerteza.

Em todas as organizações exponenciais foi identificado um *Propósito Transformador Massivo* (PTM), ou seja, uma declaração de propósito baseada num sonho grande, parecendo até um exagero. Eles são escritos de forma curta, simples e geral. Indicam o que a empresa aspira realizar, e não o que faz (como é comum ser visto nas missões das empresas). O PTM de uma exponencial pretende capturar os corações e mentes, promover uma transformação radical, realizar milagres. Ele deve ser tão inspirador que favorece a criação de uma comunidade ao seu redor. Ele deve mover o ponto focal de uma equipe da política interna para o impacto externo.

Um PTM forte deve responder às perguntas: por que fazer este trabalho? Por que a organização existe? Ele vai constituir uma vantagem competitiva para a empresa, facilitar o recrutamento dos melhores talentos, gerar uma força estabilizadora durante períodos de crescimento instável, alavancar a motivação da equipe, gerando orgulho de fazer parte de um movimento grandioso. O PTM tende a misturar-se à própria marca da empresa ao longo do tempo. Alguns exemplos de PTM são "*Red Bull te dá asas*" (Red Bull), "*Organizar a informação do mundo*" (Google) e "*Tornar a invenção acessível*" (Quirky).

As principais características externas das organizações exponenciais são constituídas pelo acrônimo da sigla SCALE, cujo significado está exposto na Tabela 4.4.

Tabela 4.4: Descrições do Acrônimo da Sigla SCALE.

Staff sob demanda	Recorrem continuamente à mão de obra externa, temporária e contratada para preencher as lacunas profissionais, favorecendo o aumento da diversidade de ideias. Valorizam a terceirização de qualquer coisa. As equipes internas fixas tendem a diminuir, pois considera-se que uma "força de trabalho" fixa pode se tornar uma âncora que reduz a velocidade e a flexibilidade necessárias para a gestão desta modalidade de negócio.
Comunidade e multidão	Contam com a participação de pessoas que se organizam em comunidades ou multidões fora do núcleo central da organização exponencial (ExO). As comunidades constituem-se de pessoas que têm um envolvimento próximo à ExO; não são colaboradores, mas se comprometem com responsabilidades e são cobradas pelo seu desempenho. A multidão é constituída por pessoas que não estão tão próximas à ExO, mas que são atraídas para participar de um projeto. Tanto a comunidade como a multidão são financiadas por meio de prêmios, competições, dentre outras oportunidades. Essa característica da ExO permite que ela seja menor e mais flexível.
Algoritmos	As ExO são compostas por algoritmos. Elas são empresas de informação que programam os dados de forma que compõem instruções computacionais complexas e geram experiências exclusivas baseadas nas suposições intuitivas de seus líderes.
Ativos a**L**avancados	Tendência crescente na terceirização até mesmo dos ativos da missão crítica. A tendência é alugar, compartilhar e alavancar ativos em vez de possuí-los. Tal condição é possibilitada pelas tecnologias da informação e comunicação. Essa condição permite que a empresa aja de forma mais flexível e rápida, eliminando a necessidade de pessoas para gerenciar ativos. Somente sugere-se a obtenção/ propriedade do ativo quando este for escasso.
Engajamento	É uma forma de permitir que ocorra o comportamento humano colaborativo, sendo possível por meio de concursos, cupons, milhas áreas, cartões de fidelidade, dentre outros. Por meio do engajamento, a ExO cria ciclos de *feedbacks* positivos e proporciona a alavancagem do negócio, além de aumentar a colaboração, a inovação e a lealdade.

FONTE: Elaborado pelas autoras

Além dos atributos externos, as principais características internas das organizações exponenciais são constituídas pelo acrônimo da sigla IDEAS e têm significados conforme a Tabela 4.5.

Tabela 4.5: Significado do Acrônimo da Sigla IDEAS.

Interfaces	Constituem processos de filtragem e comparação de dados obtidos pelas externalidades da estrutura de SCALE. São os algoritmos e fluxos de trabalho automatizados que roteiam e correlacionam os *outputs* das externalidades SCALE. Servem como filtros das informações externas colhidas para serem validadas internamente com a intenção de criar novos produtos ou modificar os já existentes. Elas costumam ser de propriedade exclusiva da ExO, pois constituem o seu negócio propriamente dito, sua propriedade intelectual.
Dashboards	Constituem as formas como as ExO medem e gerenciam suas organizações. São os instrumentos estatísticos utilizados para o gerenciamento dos dados do desempenho da ExO. Esses dados medem a qualidade das atividades realizadas, o comportamento dos consumidores, as informações armazenadas, o uso repetitivo das informações, o percentual de retenção, dentre outros. Constituem os KPIs (*Key Performance Indicators* — Indicadores-chave de Desempenho). Algumas ExO também utilizam os OKRs (Objectives and Key Results — Objetivos e Resultados-chave), que medem as metas individuais e expõem os resultados de forma aberta e transparente. Servem para nortear as perguntas: Aonde quero ir? Como sei que estou chegando lá?
Experimentação	A experimentação é baseada na metodologia da startup enxuta que pressupõe a necessidade de realização de testes e experimentos constantes para diminuir os riscos do produto ou serviço. Nas organizações tradicionais, essa técnica é conhecida como Kaizen, a busca pela melhoria contínua tendo como referência o planejamento e a execução de um plano. Ela permite que as métricas sejam utilizadas em tempo real e monitoradas rapidamente.
Autonomia	Equipes auto-organizadas e multidisciplinares operam com autoridade descentralizada. Também entendida como autonomia sem permissão. Pessoas talentosas, com iniciativa, e inovadoras, são contratadas e decidem quais projetos desejam participar. Considera-se que a equipe trabalhe com elevado grau de satisfação, tendo uma cultura sociável, aberta e confiante. Geralmente têm uma hierarquia baseada em competências.
Tecnologias **S**ociais	Constituem-se pelas interações horizontais em empresas verticalmente organizadas. As tecnologias sociais pregam a redução da distância entre a obtenção da informação e a tomada de decisão; as informações devem fluir através da percepção das pessoas visando diminuir o tempo entre uma ideia, sua aceitação e sua implementação

Fonte: Elaborado pelas autoras

Diante do exposto neste capítulo, pensar em organizações baseadas em inovação significa mudar radicalmente como elas devem ser gerenciadas. Modelos tradicionais de administração não são adequados para startups, ExO ou simplesmente para aquelas que desejam incorporar a inovação como direcionadora de suas estratégias.

Os modelos tradicionais de administração pregam uma organização *top-down* e hierárquica, enquanto as ExO prezam pela autonomia, e pelas tecnologias sociais. As organizações tradicionais são obcecadas pelos resultados financeiros, enquanto as ExO são direcionadas pelo PTM e seus *dashboards*. Essas estimulam a experimentação e a autonomia, enquanto as tradicionais são baseadas no pensamento sequencial e linear. As organizações tradicionais primam pela inovação interna, sem a participação de comunidades e multidões; valorizam a manutenção de uma grande força de trabalho interno, enquanto as ExO valorizam as interfaces com equipes externas. As organizações tradicionais não sabem lidar com o risco, com a flexibilidade dos processos e valorizam os ativos fixos proprietários, além de se sentirem fortalecidas pelo status quo. As empresas baseadas em inovação ainda têm um percurso para validar seu modelo, se é que terão um (é bem provável que, ao acreditar terem um modelo, já estará explícita a necessidade de se criar outro, num processo crescente de mudanças e alterações, não constituindo mais um modelo a ser seguido em longo prazo).

▼▼▼

LIÇÕES APRENDIDAS

No Capítulo 4, você aprendeu que:

- Para gerenciar startups, é necessário repensar as formas tradicionais de administração, visto que elas não comportam os modelos que consideram um ambiente estável. As startups estão situadas num contexto de elevado grau de incerteza e riscos. Conceitos como feedback, aprendizagem contínua, clientes adotantes iniciais, produto mínimo viável, pivotagem e indicadores diferenciados de contabilidade constituem as novas variáveis da administração.
- As startups são oriundas da Quarta Revolução Industrial, que tem como referência o acesso à informação, ao conhecimento e às redes digitais, sendo esses seus insumos essenciais para novos produtos e serviços.
- Empresas baseadas em inovação têm características que favorecem a criatividade e uma cultura organizacional que permite a participação ativa das pessoas, tendo como referência líderes que estimulam a colaboração entre as equipes e permitem o erro como elemento de experimentação. São, por natureza, empresas empreendedoras.
- As organizações baseadas em inovação buscam um valor diferenciado para seus produtos e serviços como forma de ter um posicionamento competitivo baseado nas estratégias do oceano azul, no qual a concorrência se torna irrelevante.
- As organizações exponenciais (ExO) — aquelas que crescem em até dois anos de forma exponencial utilizando-se dos recursos das tecnologias da informação e comunicação digitais — desenvolvem uma energia estimulante na sua equipe, tendo como referência o Propósito Transformador Massivo (PTM) e as estratégias dos acrônimos **SCALE** e **IDEAS**.

BIBLIOGRAFIA

CHIAVENATO, I. **Empreendedorismo:** *Dando asas ao espírito empreendedor.* São Paulo: Saraiva, 2005.

ESTRIN, J. **Estreitando a Lacuna da Inovação**. São Paulo: DVS Editora, 2010.

KIM, W. C. e MAUBORGNE,R. **A Estratégia do Oceano Azul**. 15ª edição. Rio de Janeiro: Elsevier, 2005.

ISMAIL, S.; MALONE, M.S. e GEEST, Y.V. **Organizações Exponenciais - porque elas são 10 vezes melhores, mais rápidas e mais baratas que a sua (e o que fazer a respeito).** São Paulo: Editora HSM, 2015.

RIES, Eric. **A Startup Enxuta**. São Paulo: Editora Leya, 2012.

SERAFIM, L. O **Poder da Inovação:** *como alavancar a inovação na sua empresa.* São Paulo: Saraiva, 2011.

SCHWAB, K. **A Quarta Revolução Industrial**. São Paulo: Edipro, 2016.

TAPSCOTT, D. **Economia Digital. Promessa e Perigo na Era da Inteligência em Rede**. São Paulo: Makron Books, 1997.

TAJRA, S. F. (a) **Planejamento e Informação**. São Paulo: Editora Érica, 2014.

____. (b) **Empreendedorismo:** Conceitos e Práticas Inovadoras. São Paulo: Editora Érica/ Saraiva, 2014.

TOFFLER, A. **A Terceira Onda**. Rio de Janeiro: Record, 1980.

CAPÍTULO 5

Design Thinking (DT)

Este capítulo foi elaborado especificamente para apresentar a metodologia do *design thinking* (DT), já que essa forma de pensar rompe vários paradigmas que possibilitam condições favoráveis para as organizações identificarem oportunidades na criação de inovações que vão além das incrementais. Além disso, no Capítulo 6, apresentaremos outras técnicas que também auxiliam na identificação de inovações. Vale dizer que tanto as técnicas quanto a forma de pensar do DT e das demais técnicas do Capítulo 6 podem ser utilizadas por startups e organizações, independentemente do porte e segmento empresarial, desde que busquem a inovação como uma de suas ações estratégicas.

Design thinking é uma forma de pensar, analisar e propor alternativas criativas para lidar com desafios e solucionar problemas a partir da participação das pessoas. A missão do *design thiking* é melhorar a vida das pessoas com produtos e serviços que atendam às suas necessidades para viver neste mundo complexo e contraditório. Não existe uma tradução para língua portuguesa que atenda efetivamente o seu significado. *Design* significa projeto e *thinking*, pensamento. Ficaria estranho dizer Pensamento do Projeto ou o Pensamento em formato de Projeto, então usaremos *design thinking*, sem a preocupação de uma tradução para a língua portuguesa. O importante é entender o que o termo propõe. O *design thinking* também é conhecido apenas como DT.

É sobre essa forma de pensar centrada no ser humano que trataremos neste capítulo, a qual foi amplamente divulgada pela empresa IDEO, da cidade Palo Alto, Califórnia, localizada próxima a várias outras empresas que têm a inovação como elemento essencial de suas estratégias. O DT teve repercussão mais solidificada quando um dos proprietários da IDEO, Tim Brown, lançou o livro *Design Thinking*, apresentando como funciona o pensamento dos *designer thinkers* e como ele pode ser utilizado no mundo dos negócios como uma nova estratégia de posicionamento e comportamento empresarial.

A IDEO é reconhecida mundialmente como uma empresa de *design thinking*, tendo realizado trabalhos para várias outras organizações que têm por objetivo usar a criatividade para orientar seu crescimento, sempre se adiantando às próximas inovações.

Dentre as empresas e trabalhos já realizados pela IDEO, podemos citar:

- **Shimano:** Empresa do mercado do ciclismo, que traz como solução criativa as bicicletas *coasting*, visando proporcionar o simples prazer de passear de bicicleta.
- **Zyliss:** Empresa do segmento de utensílios de cozinha, que traz como solução os cabos e as empunhaduras certas para cada ferramenta (batedeiras de ovos, espátulas e cortadores de pizza).
- **SSM DePaul Health Center:** Hospital que busca revisar os serviços de emergência a partir de uma nova forma de atender os pacientes, revisando todo o fluxo da experiência vivenciada por eles.
- **GE Healthcare**: Constrói uma melhor experiência para crianças durante a realização do exames de Ressonância Magnética, usando pinturas e histórias.
- **Airbnb**: Os fundadores seguiram uma abordagem incomum e criativa para entender o que os clientes realmente buscavam na plataforma. As pessoas não estavam reservando quartos porque não conseguiam ver o que estavam pagando.

- **UberEATS**: Para entender todos os diferentes mercados e como os produtos se encaixam nas condições físicas de cada cidade, o time de DT da empresa mergulha constantemente nos lugares onde seus clientes moram, trabalham e comem.

O pensamento do DT pode ser melhor entendido a partir de alguns conceitos extraídos do livro *Design Thinking*, de Tim Brown, que, às vezes, podem soar como jargões, mas que demonstram os princípios propostos por essa metodologia, tais como:

- Falhe muitas vezes para ter sucesso mais cedo.
- As inovações incrementais são facilmente copiadas pela concorrência, o que explica tantos produtos uniformes no mercado.
- A maior parte das iniciativas ocorre na zona incremental, mas a proposta do DT é a disrupção.
- Componha equipes com uma mistura incomum de diferentes "espécies" (pessoas).
- A flexibilidade é um elemento-chave para o sucesso do processo criativo do DT.
- O DT é um processo de baixo para cima que precisa se aproximar dos executivos que tomam as decisões estratégicas.
- O DT requer fechar a lacuna entre saber e fazer.
- A prototipagem permite aprender com as próprias mãos.
- A abordagem do DT, centrada no ser humano, privilegia o usuário final e satisfaz as necessidades do público-alvo.
- O DT não é arte, ciência ou religião. Ele é a capacidade do pensamento integrativo de ideias divergentes que envolvem a emoção, a cognição e as necessidades de funcionalidade de produtos e serviços.
- As estratégias de DT podem ser utilizadas para desenvolvimento e aprimoramento de produtos e serviços.

Ao longo deste capítulo, apresentaremos a estrutura e o pensamento do DT, que tem como ponto de partida a **descoberta**, que é o momento de identificação do desafio que será analisado. O passo seguinte ocorre por meio da **interpretação**, que tem como ponto de partida a coleta de informações obtidas em conversas com pessoas. A partir da interpretação, sugere-se que ideias sejam geradas com a utilização de diferentes técnicas, como, por exemplo, o *brainstorming*. Com as oportunidades identificadas no processo de interpretação, surgem as ideias que podem ser trabalhadas, constituindo um novo momento, o da **ideação**. Para validar as ideias identificadas, sugere-se fazer a **experimentação**, se possível com a construção de um protótipo visando a concretização da ideia. Por fim, promove-se a **evolução** do projeto em um estudo, que é apresentado para outras pessoas que darão um feedback. Por fim, para implementá-lo, é elaborado um **plano de ação**, que acompanha de perto os resultados e faz as adequações o mais rápido possível.

▼▼▼ FIGURA 5.1: Sistematização das Fases de um Processo de *Design Thinking*.

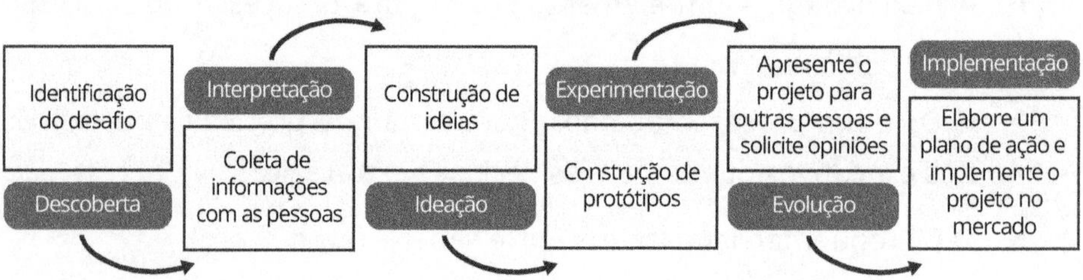

FONTE: Elaborado pelas autoras

Apesar de a estrutura apresentada estar sistematizada, Tim Brown alerta que não existe uma forma melhor de percorrer o processo de *design thinking*. O DT lida com problemas complexos que rompem com a forma linear de lidar com as situações em estudo. Veja a seguir como o DT estimula a inovação e a ação prática, tendo como referência a solução de desafios cotidianos com criatividade e colaboração.

Abordagem HCD Toolkit — IDEO

A abordagem da IDEO passou a ser conhecida como *Abordagem HCD Toolkit*. Tim Brown propõe pensar nos processos criativos não de uma forma linear, visto que é difícil ter um ponto de partida em específico em que cada fase seja exatamente subsequente à outra. Assim, ele sugere pensar em sistemas de espaços que se sobrepõem: espaço da inspiração, da idealização e da implementação, sendo que, durante o desenvolvimento de um projeto, a equipe pode percorrer esses espaços mais de uma vez e em diferentes direções, circulares ou não, podendo repassar por cada espaço quantas vezes forem necessárias, conforme demonstrado graficamente na Figura 5.2.

▼▼▼ FIGURA 5.2: Abordagem do DT (IDEO).

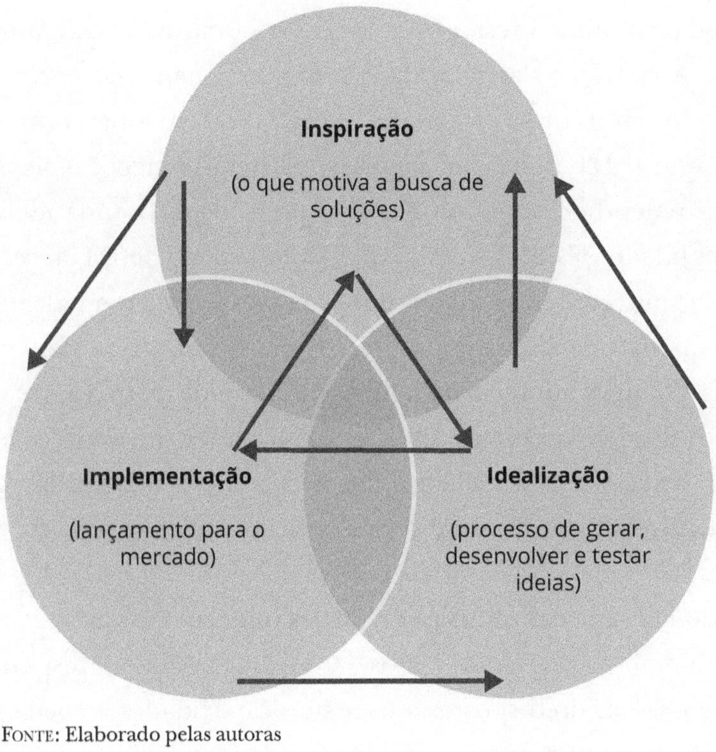

FONTE: Elaborado pelas autoras

A não-identificação do processo criativo como um sistema linear e sequencial não significa que ele seja desorganizado, mas que considera a complexidade dos problemas em estudo e decorre de um processo exploratório que a todo o momento deve ser testado e revisto por meio de protótipos o máximo de vezes possível antes que o produto ou serviço seja lançado no mercado. A abordagem do processo exploratório do DT sugere que as ideias sejam compartilhadas continuamente, incentivando sua propriedade coletiva e permitindo que as equipes aprendam umas com as outras.

O processo exploratório do DT não é ilimitado, sem fronteiras e sem restrições no movimento circular e em diferentes direções. Ele é restrito aos desejos, à praticabilidade e à viabilidade. A restrição do desejo está relacionada àquilo que é desejável e tem significado para as pessoas. A restrição da praticabilidade está relacionada à técnica, à função e à organização, que possibilitam testar uma ideia para uma aplicação num futuro próximo. A restrição da viabilidade está relacionada, por exemplo, a se o projeto é viável financeiramente e sustentável em longo prazo.

Entendendo que o DT lida com **projetos**, ele tem começo, meio e fim. O projeto é entendido como o "veículo que transporta uma ideia do conceito à realidade" (BROWN. 2017, p. 21). O projeto de DT necessita de um *briefing* que contenha o conjunto de objetivos a serem alcançados como forma de mensurar os progressos obtidos. Entretanto, ele não pode ser rígido, deve contar com a imprevisibilidade, com a sorte e com os percalços do destino e, para isso, necessitará ter um espaço de manobra para favorecer a criatividade e inspirar a inovação. Ao longo do desenvolvimento do projeto, pode ser necessário, inclusive, revisar o próprio *briefing*.

Os projetos de DT são realizados por equipes interdisciplinares, sendo que todos os membros sentem-se donos das ideias e assumem responsabilidade por elas, estando dispostos a usar suas capacidades e colaborarem com as diferentes abordagens das diversas áreas do conhecimento disponíveis na equipe. Tim Brown também sugere que essas equipes de DT sejam pequenas para que as pessoas possam efetivamente criar vínculos, ganhar confiança e ficar mais à vontade entre si para apresentar ideias inspiradoras. Entende-se que equipes grandes são mais lentas e menos eficientes.

Pessoas que se mantém isoladas não devem participar do desenvolvimento de trabalho, pois elas se afastam das fontes de conhecimento e das expertises necessárias para o processo criativo. Para Tim Brown (2017, p. 218), "o tempo que as pessoas passam juntas lhes possibilita cultivar relacionamentos e fortalecer as equipes". É muito provável que na sua organização existam pessoas "marginalizadas" por estarem "fora do padrão". Essas pessoas são fonte de inspiração e tendem a sentirem-se bem ao serem convidadas para participar das equipes de projetos de DT.

Para estimular o pensamento criativo nos processos de DT, sugere-se que as pessoas mudem de atribuições a cada um ano e meio, aproximadamente. Elas devem trabalhar em projetos relativamente curtos, mas com foco na divergência, sempre com divulgações dos resultados pela organização, uma boa estratégia para empolgar as pessoas a participarem cada vez mais e de forma mais otimista.

Os espaços físicos e as instalações são considerados uma das variáveis importantes para o desenvolvimento de projetos de DT. Eles geralmente demandam espaços físicos grandes, integrados, abertos e com disponibilização de recursos materiais para realizar pesquisas, tirar fotos, construir storyboards e protótipos o tempo todo, além de contar com os espaços virtuais, tais como wikis e sites, devendo-se evitar espaços fechados e padronizados.

A abordagem do DT, baseada na IDEO, considera essenciais: os sistemas de espaços (desejos, praticabilidade e a viabilidade), sendo que esses espaços constituem as próprias limitações de um projeto de acordo com o DT; o *briefing* flexível; as equipes interdisciplinares e pequenas; e os espaços físicos e instalações.

Estratégias do *Design Thinking* para Entender as Necessidades

Os profissionais que trabalham com DT valorizam comportamentos significativos, ou seja, aqueles que atendem às necessidades e que são convertidos em demandas pelas pessoas. Não existe a preocupação em classificar os comportamentos como certos ou errados, mas sim em entender o que as pessoas necessitam e lhes entregar isso. Entretanto, de uma forma geral, as pessoas nem conhecem efetivamente as suas necessidades e muitas vezes se acostumam com situações inconvenientes. Segundo Tim Brown (2017), um exemplo clássico para demonstrar esse conceito é a anedota de Henry Ford, quando disse que se perguntasse aos seus clientes o que eles queriam, teriam respondido que queriam um cavalo mais rápido.

Para perceber as necessidades latentes das pessoas, Tim Brown (2017) sugere a compreensão de três elementos complementares: *insight*, observação e empatia.

- ***Insight***: Ter como referência o mundo que observamos nas várias experiências do cotidiano e não usar dados quantitativos, pois esses já são conhecidos. As ideias criativas não estão "guardadas" como um tesouro escondido a ser descoberto, mas são resultantes de horas de trabalho criativo de uma equipe. Também não existe um algoritmo que traduza um *insight*, que aponte de onde ele veio e para onde vai.
- **Observação**: Ter como referência os comportamentos de pessoas que estão fora da massa da normalidade, ou seja, nos extremos, no que é diferente, excêntrico, compulsivo, obsessivo e radical. Essas pessoas inspiram *insights*. As pessoas na "normalidade" nos fornecem informações que já sabemos e conhecemos.
- **Empatia**: Ter como referência pensar nas pessoas como pessoas, e não como "ratos de laboratório" para realizar experiências científi-

cas e tirar conclusões. A empatia considera ver o mundo através dos olhos, da compreensão e das emoções dos outros. A proposta de uso da empatia é analisar os problemas nas perspectivas cognitivas, comportamentais e emocionais do outro.

No pensamento do DT, o marketing massivo está "morto", pois não é considerado importante observar o mercado para perceber suas demandas, já que elas constituem um conjunto de muitos indivíduos. Além disso, no pensamento do DT, não é valorizada a experiência do indivíduo, mas dos grupos, das interações das pessoas e dos grupos que elas frequentam. A ideia é transpor da "criação de produtos e serviços para pessoas" para "criação de produtos e serviços com participação ativa das pessoas".

Modelo Mental do *Design Thinking*

Como visto, o DT toma como referência as pessoas no seu cotidiano, na sua vida, em diferentes tipos de experiências de acordo com cada projeto. O DT considera importante que os clientes participem da experiência do próprio desenvolvimento dos produtos e serviços, apesar de não ser fácil fazer a gestão do cliente durante um processo de DT.

Durante o desenvolvimento de um projeto criativo, é comum ter a sensação de que o trabalho não está se desenvolvendo adequadamente; essa queda de esperança e crise emocional favorecerão o *insight* que, por sua vez, pode levar à ideia criativa. Uma das formas pela qual esse desconforto é amenizado é por meio da criação de protótipos que favorecerão a tangibilidade, tornando visível o progresso do projeto.

O modelo mental do DT é constituído por dois momentos que ocorrem um após o outro: **divergência** e **convergência**. O pensamento convergente é constituído pela escolha de alternativas para atingir um único resultado; ele objetiva fazer escolhas para solucionar problemas específicos. O pensamento divergente baseia-se na possibilidade de criar diferentes opções e escolhas para a solução de um problema. Como cita Linus Pauling, ganhador de dois prêmios Nobel, de química e da paz: "Para ter uma boa ideia é preciso antes ter muitas ideias." É pelo pensamento divergente que é iniciado o processo para alcançar a inovação, e é por meio da divergência que se obtém variedade de opções. Sendo assim, os pensamentos divergentes e convergentes são complementares.

Para termos ideias criativas, é preciso unir várias ideias oriundas de diferentes técnicas e formas de levantamento de dados e informações. Sugere-se utilizar observações etnográficas, entrevistas, análise de patentes, processos de produção, fornecedores e terceiros, além do que os concorrentes estão fazendo. Observar apenas os concorrentes nos levará a fazer um incremento no que já está sendo feito; dificilmente será possível identificar uma inovação. Essas formas de identificar ideias constituem o pensamento divergente. Ao fazer a escolha, é utilizado o pensamento convergente.

A criação de produtos e serviços inovadores demandam tempo, equipe criativa, espaço físico e orçamento para que as pessoas possam experimentar, testar e cometer erros. O Google e a 3M alocam 20% do tempo do trabalho dos seus cientistas e engenheiros para a experimentação.

Para estimular o pensamento criativo (divergente) e registrar ideias nas organizações, costuma-se utilizar a técnica do ***brainstorming***, porque, por meio dela, é possível identificar uma ampla variedade de ideias. Outra forma de registrar ideias divergentes é através do **pensamento visual**, que pode ser obtido a partir da elaboração de desenhos que expressam ideias, emoções e as características funcionais do produto ou serviço a ser desenvolvido. Com diz o ditado popular: uma imagem vale por mil palavras. O ***storytelling*** é outra técnica que pode ser utilizada para estimular o pensamento criativo usando como referência a contação de uma história que envolve emoção, cognição e funcionalidade do produto ou serviço que está em desenvolvimento. A construção de uma história pode envolver situações que estimulem a criatividade, ajudando, inclusive, na validação do projeto. Para intermediar a transição da ideia divergente para a convergente, um recurso que pode ser utilizado é o uso dos notas adesivas. Por meio delas, é possível registrar ideias, fazer escolhas e, mais facilmente, atingir o prazo final de um projeto, visto que a técnica facilita a convergência das ideias. Afinal, um projeto de DT também tem prazos. E tempo, como em qualquer projeto, significa dinheiro. A equipe de DT deve ter discernimento para saber que o tempo de criação "acabou", principalmente quando se percebe que as sugestões se esgotaram. A partir desse tempo "finalizado" o projeto poderá ser avaliado.

O *design thinking* resulta de uma cultura organizacional que valoriza a empatia, a colaboração, a criatividade e o otimismo.

- **Empatia:** O DT, conforme comentado, considera o ser humano como centro das referências, devendo ser estabelecidas conexões profundas entre o afeto e a cognição. As soluções devem ser desenvolvidas por grupos, favorecendo observações e diálogos contínuos no ambiente em que se realiza a ação.
- **Colaboração:** O desenvolvimento do DT necessita do envolvimento de todos os indivíduos de um grupo, valoriza as múltiplas percepções e a diversidade, pois isso pode favorecer o entendimento dos problemas complexos do cotidiano e atingir soluções criativas no grupo.
- **Criatividade:** Por meio do DT é possível despertar a criatividade, o estímulo a pensar diferente e ter ideias inovadoras, tendo como referência um ambiente organizacional favorável e equipes interdisciplinares.
- **Otimismo:** O ambiente criativo é favorecido pelo otimismo dos participantes, contradizendo o entendimento dos fatos como determinísticos. As criações são entendidas nos seus aspectos positivos, para o bem do ser humano.

O DT constitui-se como um processo, devendo ser revisado e percebido de forma sistêmica, sendo iterativo (por meio de *feedbacks* contínuos) para que se possam validar as soluções propostas. Para atender a essa forma de pensar decorrente da cultura do DT, sugere-se que, ao longo do desenvolvimento de um projeto, ele passe pelas seguintes etapas:

- **Ouvir**: Entender as expectativas e necessidades dos envolvidos. A ideia é identificar quais problemas e tarefas os clientes em potencial vivenciam em determinadas situações.
- **Criar**: Capacidade de sintetizar e interpretar informações coletadas a partir de *insights* ou ideias que tenham surgido na etapa anterior.
- **Entregar:** Implementação das soluções testadas pelas partes envolvidas.

Prototipagem: A Experimentação nos Projetos de DT

Uma das fases consideradas essenciais no processo de *design thinking* é a experimentação por meio do desenvolvimento de **protótipos**, que consiste em "pensar com as mãos", transpor o mental para o físico e o físico para o mental, tangibilizar uma ideia. O protótipo é uma forma de fazer com que uma ideia se torne concreta e vista por todas as partes, é um modelo de um produto prestes a ser lançado no mercado. Na metodologia de trabalho do DT, sugere-se que, desde o início do estudo do produto ou serviço, os protótipos já possam ser elaborados como uma forma de dinamizar o desenvolvimento do estudo, visando avaliá-los, lapidá-los e identificar as melhores soluções. Ou seja, por meio dos protótipos e modelos funcionais é possível promover *feedbacks*, não sendo necessário que o protótipo seja um produto ou serviço "pronto" para o mercado.

Tim Brown (2017, p. 88) afirma que protótipo é "qualquer coisa que nos permita explorar uma ideia, avaliá-la e levá-la adiante". No segmento de serviços, isso é possível por meio de gravações de vídeos, *storyboards* (imagens com situações sequenciais sobre um determinado evento), construção de cenários, espaços virtuais para interações e a prototipagem em campo por meio do envolvimento direto com clientes potenciais.

Por meio da prototipagem, as organizações ganham tempo, diminuem custos desnecessários, aumentam as possibilidades de inspiração, motivação das equipes e refinamento das ideias.

Abordagem do DT da Universidade de Standford: Bootcamp Bootleg

Além da abordagem da IDEO, outra abordagem conhecida de *design thinking* é a da Universidade de Stanford, o Bootcamp Bootleg, também conhecido como d.School. Essa abordagem é muito semelhante à da IDEO, porém com algumas denominações diferentes das fases.

A abordagem de DT da Universidade de Stanford, o Bootcamp Bootleg, considera que um problema nunca deve ser aceito tal como é apresentado e toda a estratégia deve ser centrada no ser humano, orientada para a ação, para a colaboração e valorizando a cultura da prototipagem por meio da demonstração de ideias. Além de abertura para a atuação cíclica no processo (iteração e não linear), ou seja, sempre aberta para a promoção de *feedbacks* de forma que as pessoas envolvidas não assumam uma postura defensiva, mas disponível para ouvir e, se for necessário, revisar sua forma de pensar, considerando que podem existir diferentes formas de atuação e entendimento de um problema.

A partir Figura 5.3 é possível ver a relação entre duas formas de pensar o DT, isto é, o HCD Toolkit (IDEO) e o Bootcamp Bootleg (Universidade de Standford).

FIGURA 5.3: Relação entre as Formas de DT.

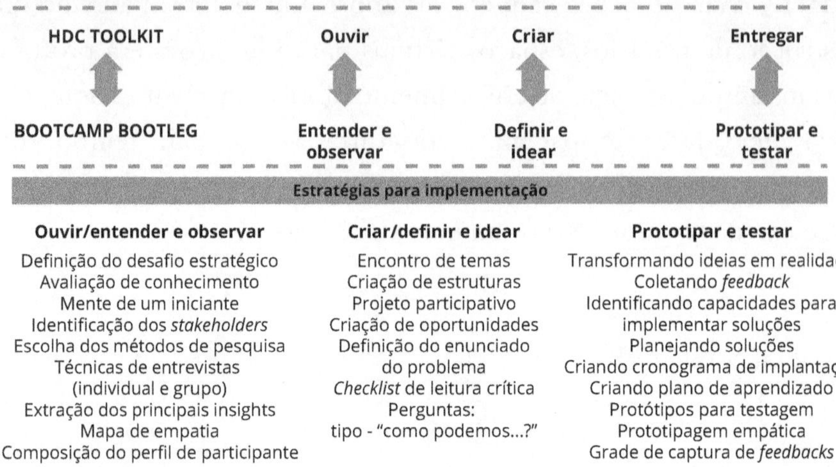

FONTE: Adaptado de Cavalcanti e Filatro (2016, p. 42)

Considerando os pensamentos que norteiam o desenvolvimento de projetos de acordo com as abordagens do *design thinking* apresentadas, é possível agrupá-los nas seguintes fases: descobrir/empatizar, interpretar/definir, idear, experimentar/prototipar e evoluir/testar, conforme demonstrado na Figura 5.4.

FIGURA 5.4: Agrupamentos das Fases das Abordagens do DT.

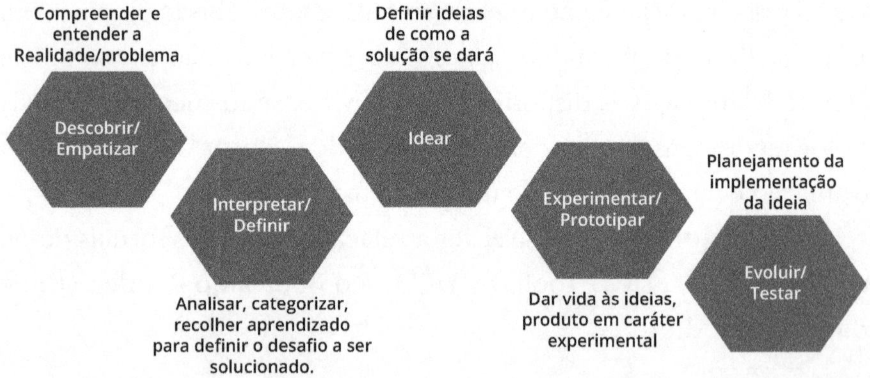

FONTE: Adaptado de Bacich e Moran (2018, p. 161)

O pensamento do DT propõe um modelo mental que valoriza a diversidade e a flexibilidade a partir da realização de ações simultâneas de divergência e convergência, analíticas e sintéticas (decomposição e junção, lineares e simultâneas), dedutivas, indutivas e abdutivas (probabilidade), materializadas e pensamento experimental, individuais e, ao mesmo tempo, colaborativas.

Rol de Estratégias Utilizadas nas Fases de um DT

Para Cavalcanti e Filatro (2016), é possível utilizar diferentes estratégias nas várias etapas do *design thinking:* para a compreensão dos problemas, para projetar soluções, para prototipar e implementar soluções. Todas podem ser vistas de forma sintética nas Tabelas 5.1, 5.2, 5.3 e 5.4 a seguir.

Tabela 5.1: Rol de Estratégias Utilizadas para Compreensão dos Problemas.

Estratégia	Orientações
Definição do desafio estratégico	Questione com as partes interessadas o que é conhecido sobre o problema em estudo; descreva o perfil dos *stakeholders* listando o que eles realizam, desejam ou precisam; identifique quais as tecnologias necessárias para o trabalho, se existem tensões ou conhecimentos sobre o contexto. Formule uma pergunta utilizando, preferencialmente, *flip chart* ou cartolinas, facilitando a interação entre os participantes e a visualização do problema.
Organização de conhecimentos prévios	Organize e sintetize as informações que foram coletadas sobre o problema numa cartolina ou *flip chart*, conforme a fase anterior. Liste também o que não é conhecido sobre o problema.
Pesquisa exploratória	Pesquise, observe ou entreviste as partes envolvidas no problema, tendo como referência sua pergunta norteadora. Em seguida, compile as informações.
Plano de coleta de dados	Organize a documentação a ser usada na coleta de dados via observação ou entrevista.
Imersão	Conviva com as partes interessadas para experimentar o desafio estratégico, usando o plano de coleta de dados.

continuação

Estratégia	Orientações
Entrevista empática	Converse com pessoas envolvidas no desafio estratégico. Utilize perguntas que resgatem o histórico das ocorrências.
Autodocumentação	Mantenha todos os registros das ocorrências das rotinas do *design thinking*, podendo ser desenhos, fotos, vídeos, rabiscos, anotações, dentre outras que considerar importante para a análise do problema.
Análise dos dados coletados	Promova reuniões para apresentação dos levantamentos, categorização das informações coletadas, comparação e análise dos dados catalogados.
Composição de perfil de participantes	Crie personagens fictícios com características similares aos que participaram da coleta de dados e simule situações que envolvam o desafio estratégico.
Mapa da empatia	Elabore documentos que descrevam o que alguém diz, faz, pensa e sente.

FONTE: Adaptado de Cavalcanti e Filatro (2016, p. 136)

Tabela 5.2: Rol de Estratégias para Projetar Soluções.

Estratégia	Orientações
Refinamento do problema estratégico	Valide o problema questionando: qual é a importância desse problema? Quem foram as pessoas que falaram? O que há de novo nesse questionamento/problema? Quem se importa com esse problema? Quem necessita dessa solução?
Elabore questionamentos do tipo "Como podemos...?"	Faça perguntas para estimular a criação de soluções a partir de "Como podemos...?" e "Se não fosse assim, como poderia ser?"
Promova sessões de *brainstorming*	Promova a geração de ideias utilizando sessões de *brainstorming* de forma que as pessoas possam efetivamente contribuir livremente com seus pensamentos. Em seguida, crie e categorize as possíveis ideias a serem implementadas e escolha as melhores.
Elabore um projeto participativo	Discuta soluções por meio de *brainstormings* a partir de encontros com especialistas e leigos.

FONTE: Adaptado de Cavalcanti e Filatro (2016, p. 136)

Tabela 5.3: Rol de Estratégias para Prototipar.

Estratégia	Orientações
Prototipagem rápida	Elabore a representação visual da solução apresentada para o problema utilizando desenhos, teatro, cenários, diagramas, esquemas, fluxograma etc.
Prototipagem empática	Recrie os protótipos rápidos com a participação de *design thinkers* e/ou prestadores de serviços.
Prototipagem colaborativa	Crie protótipos com especialistas e leigos representantes das partes interessadas.
Rodada com especialistas	Promova encontros com especialistas para que avaliem os protótipos das soluções criadas.
Teste do protótipo	Promova encontros com as partes interessadas para testagem dos protótipos das soluções criadas.
Matriz de feedback	Organize os *feedbacks* recebidos durante os protótipos numa matriz contendo: o que funcionou, o que pode ser aperfeiçoado, os principais questionamentos e as novas ideias.

Fonte: Adaptado de Cavalcanti e Filatro (2016, p. 136)

Tabela 5.4: Rol de Estratégias para Implementar a Melhor Opção.

Estratégia	Orientações
Plano de implementação	Elabore um documento que descreva os aspectos relevantes para a implementação das soluções criadas.
Análise de viabilidade	Analise os custos de implementação e manutenção, tendo como referência o plano de implementação.
Plano do projeto-piloto	Planeje um projeto-piloto para testagem da ideia antes que ela seja lançada para o mercado.
Plano de aprendizagem	Elabore um registro contendo a aprendizagem dos *design thinkers* e de toda a equipe envolvida.

Fonte: Adaptado de Cavalcanti e Filatro (2016, p. 136)

Para conhecer um problema e pensar em melhores soluções, sugere-se que sejam utilizadas diversas estratégias ao mesmo tempo. Entretanto, a equipe não pode deixar de considerar as restrições de qualquer projeto de DT: desejo, praticabilidade e viabilidade.

Exemplos de Aplicação de DT

Makassar, Indonésia: Aplicação de DT para Melhorar o Congestionamento de Tráfego na Cidade

Em 2016, a cidade de Makassar, na Indonésia, fez parceria com o Programa de Desenvolvimento das Nações Unidas (UNDP) para ajudar a resolver seus desafios de transporte público utilizando técnicas de DT para encontrar soluções para esse complexo problema. O transporte público de baixa qualidade leva as pessoas a utilizarem meios próprios para locomoção, e elas acabam optando pelas motos. A cada dia, 195 motos são inseridas no sistema, aumentando gradualmente o risco de acidentes. Setenta por cento dos acidentes de trânsito envolvem veículos de duas rodas.

O projeto é reduzir o número de motocicletas nas estradas e fazer com que mais cidadãos usem o transporte público. Mas como fazer isso? Bem, é necessário entender cada um dos agentes, principalmente a população. É preciso se colocar no seu lugar.

O UNDP e o Pulse Lab conduziram um estudo de amostra dos padrões de transporte em Makassar. Identificaram três áreas principais que devem ser abordadas: projetar rotas para atender às necessidades dos usuários e evitar a sobreposição; criar medidas que gerem mudanças no comportamento dos usuários e operadores de transporte para seguir as leis de trânsito; e disponibilizar informações sobre os horários do transporte público aos passageiros.

Foi criado um evento de DT dividido em três dias de workshop, nos quais os participantes tiveram que apresentar ideias para resolver esses três desafios. Foram 33 participantes, incluindo o departamento de transporte da cidade, a associação de proprietários de vans de transporte, a agência de planejamento, a polícia, empresas de táxi, a associação de deficientes e membros da comunidade de startups e DT.

No primeiro dia do workshop, os grupos tiveram que lançar ideias e começar a encontrar possíveis soluções. No segundo dia, eles foram às ruas para entrevistar os cidadãos, escutar suas experiências com o transporte público e testar se suas soluções ajudariam a resolver algum desses problemas. No último dia, eles retornaram ao quadro de desenho para refinar suas ideias e construir protótipos para demonstrá-las.

Ao final do evento, três ideias-chave surgiram:

1. Tornar as minivans economicamente viáveis, utilizando-as para o transporte de estudantes.
2. Utilizar minivans como transporte de primeiro e último meio entre complexos habitacionais, escolas e rotas de ônibus administradas pela província.
3. Criar um aplicativo que mostre aos passageiros a hora de chegada da minivan e os horários de ônibus offline.

Programa Walkabout da UberEATS: Imersão na Prática

Na era de competição desenfreada, o cliente não é mais uma estatística ou uma meta de vendas, que caso os produtos recém-lançados no mercado não atendam às suas expectativas, fracassarão. Uma estratégia que muitas organizações estão utilizando é a imersão. A UberEATS tem um método específico denominado Programa Walkabout. Ele constitui a base das iniciativas de imersão da empresa. Todos os trimestres, os designers visitam uma cidade da UberEATS e mergulham profundamente nesse mercado. Eles aprendem a cultura alimentar da cidade, estudam as infraestruturas de transporte e de logística, realizam muitas entrevistam com os parceiros de entrega, funcionários de restaurantes e consumidores. Uma informação importante: durante toda a jornada, eles utilizam o sistema UberEATS da região. Cada jornada é uma experiência e um aprendizado diferente, que ajuda a construir uma compreensão abrangente dos diferentes mercados e clientes para propor soluções e melhorias específicas.

Petmondo

A Petmondo é uma startup brasileira, situada na cidade de São José dos Campos, que nasceu para facilitar o processo de cuidados e diversão de seu pet por completo. É oferecido um *marketplace* com os produtos de diversos segmentos, com ampla diversidade reunida em um só lugar. As duas grandes barreiras para venda de alimentos para animais de estimação são o custo do frete e o tempo de entrega. A solução foi utilizar o *hyperlocal marketplace*, ou seja, parcerias com as pets hops locais, gerando agilidade na entrega do produto, que é feita em poucas horas. A solução permite integrar os lojistas de bairro através de um aplicativo móvel no qual o consumidor pode comparar o preço dos produtos entre as pet shops dentro da sua cidade, assegurar a compra mais barata, receber seu produto com um custo mínimo de transporte e pagar fisicamente no ato da entrega na porta da sua casa.

Atualmente, o grande desafio da empresa é o sistema de recomendação. Foi apontado que uma das dificuldades da compra online é escolha do produto mais adequado para o animal. Bem executado ou não, as lojas físicas devem proporcionar esse atendimento.

O sistema de recomendação é um projeto que está sendo desenvolvido utilizando os princípios de DT. Com o intuito de construir um sistema de recomendação eficiente, é preciso entender cada um dos atores que influenciam ou podem influenciar no processo de decisão de compra. A empresa conta com um time multidisciplinar de veterinários, engenheiros de software, programadores e cientistas de dados para o desenvolvimento desse projeto.

▼▼▼ FIGURA 5.5: Mapa de Atores do Sistema de Recomendação.

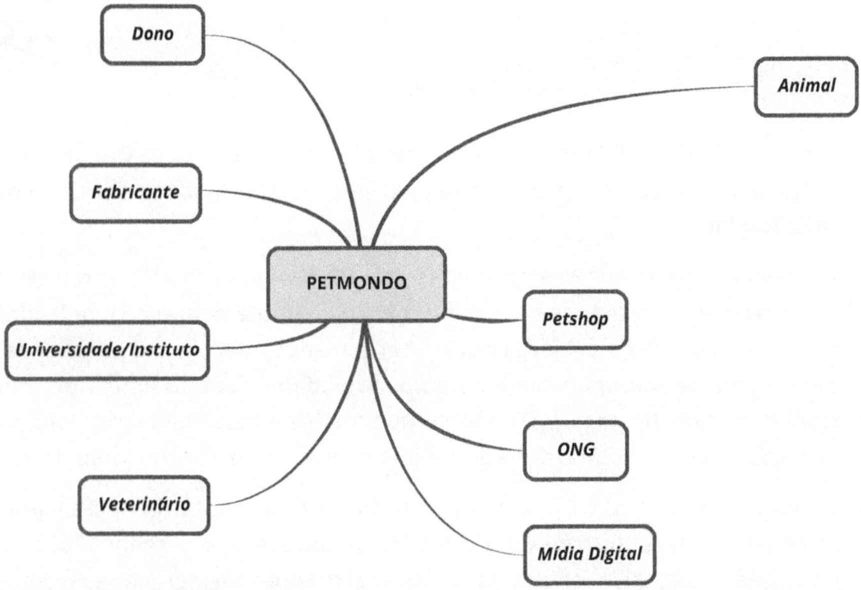

FONTE: Elaborado pelas autoras

Para a empresa, o *design thinking* é uma abordagem para encontrar uma solução criativa para os problemas, em especial para problemas semi-estruturados e não estruturados. Não existe uma fórmula mágica, mas entender de fato qual é o problema do cliente e como ele o tem enfrentado aumenta as chances de sucesso de produtos e serviços, sendo eles idealizados desde o princípio para a solução que precisam resolver.

▼▼▼

LIÇÕES APRENDIDAS

No Capítulo 5, você aprendeu que:

- O *design thinking* (DT) foi amplamente difundido a partir das experiências práticas da empresa IDEO. Abordagem que passou a ser conhecida como HCD Toolkit.
- As fases do *design thinking* propostas pela IDEO para entender as necessidades devem ser norteadas pela inspiração, pela implementação e pela idealização, sendo que os projetos devem ser pensados dentro das restrições da desejabilidade, da aplicabilidade e da viabilidade. Os ambientes organizacionais favoráveis para o DT são compostos de equipes interdisciplinares, espaços físicos e instalações adequadas e um clima organizacional positivo.
- O modelo mental do DT ocorre a partir do estímulo contínuo do pensamento convergente e divergente, de análise e síntese. A divergência sugere a diversidade de ideias, enquanto a convergência propõe agregar as possíveis soluções de um problema.
- Uma das grandes propostas do DT é trabalhar com prototipagem, ou seja, com experimentações para validar os projetos. Quanto antes iniciados os protótipos, melhor.
- Um rol de estratégias utilizadas nas fases de um DT.
- Algumas experiências práticas de uso do DT.

REFERÊNCIA

BROWN, T. **Design Thinking – uma metodologia poderosa para decretar o fim das velhas ideias**. Rio de Janeiro: Alta Books, 2017.

CAVALCANTI, C.C. e FILATRO, A. **Design Thinking – na educação presencial, a distância e corporativa.** São Paulo: Saraiva Uni, 2016.

▼▼▼

CAPÍTULO 6

Desenvolvimento de Projetos Inovadores

Ao longo dos capítulos deste livro, você teve a oportunidade de entender o que é inovação, seus diferentes tipos, como ocorre o processo, quais as características das organizações que favorecem a inovação, e como desenvolver projeto inovadores utilizando, especificamente, as técnicas de *design thinking*. Neste capítulo você aprenderá como estimular pensamentos criativos a partir de diferentes técnicas e, posteriormente, como organizá-los para que sua posterior execução seja viável, ou seja, sair da ideia e ir para a ação sem a perda da criatividade.

Você perceberá que existem diferentes técnicas para estimular ideias criativas com objetivos diferentes e que podem ser utilizadas de acordo com o momento organizacional e com as características de cada empresa e projeto, sendo algumas empresas mais favoráveis na utilização dessas técnicas, conforme visto no Capítulo 4.

Cada uma das técnicas que serão apresentadas constituem diferentes maneiras para gerar novas ideias, criar ambientes e condições favoráveis para a inovação. Mesmo que as estratégias de implementação de cada uma delas sejam apresentadas conceitualmente, o leitor, ao realizar a implementação, poderá utilizar o seu senso criativo para adaptá-las à sua realidade. Ou seja, utilize essas técnicas como referência para iniciar o processo criativo, mas não se limite pelas regras apresentadas.

Vale lembrar que essas técnicas surgiram em ambientes que possibilitam questionamentos, em que o risco e o erro são permitidos, e que contam com pessoas com perfil empreendedor, que valorizam a heterogeneidade da equipe e cujos membros têm confiança entre si, e as pessoas são tolerantes e pacientes para criações. Ambientes assim são altamente competitivos, buscam elevada performance e convivem com o senso de urgência e abertura para aprendizagem e reaprendizagem. Ambientes autoritários, limitados de crescimento e de flexibilidade para pensar "fora do quadrado", não são adequados para promover a criatividade e a inovação. Para rever as características das organizações que favorecem esse ambiente, confira o Capítulo 4.

Após conhecer essas técnicas, o passo seguinte neste capítulo será aprender a organizar as ideias utilizando-se de três ferramentas baseadas na metodologia Canvas, inspiradas pelos autores Alexander Osterwalder e Yves Pigneur.

Ao final deste capítulo, você estará apto a indicar o uso de cada uma das técnicas apresentadas conforme os objetivos a serem alcançados, colocá-las em prática e, posteriormente, organizá-las para iniciar as ações de cada uma delas.

Técnicas Favoráveis para Gerar Ideias Criativas

As principais técnicas que apresentaremos para a criação de ideias são: *brainstorming*, *world café*, biomimética, SCAMPER, TRIZ, seis chapéus de pensamento e *open innovation*, explicadas a seguir:

- ***Brainstorming*:** reuniões nas quais os participantes são estimulados a falar livremente.
- ***World Café*:** Organizar as pessoas em pequenas mesas (como nos cafés) para discutirem ideias de forma colaborativa.
- **Biomimética:** Utiliza a natureza como referência para novas ideias.

- **SCAMPER**: É baseada na utilização de sete ações — substituir, combinar, adaptar, modificar, procurar, eliminar e rearrumar para o estímulo de novas ideias.
- **TRIZ:** Aborda as inovações em cinco níveis de classificação.
- **Seis Chapéus do Pensamento:** Estimula diferentes tipos de compreensão dos participantes em relação ao problema estudado.
- ***Open Innovation*:**Considera que as novas ideias podem ser formuladas com a participação de diversas empresas.

Brainstorming

A técnica do *brainstorming* foi criada pelo publicitário norte-americano, Alex F. Osborn, nascido no distrito de Bronx, em Nova York, em 1888, falecendo aos 77 anos. Escreveu vários livros sobre criatividade, dentre eles, *O Poder Criador da Mente* e *A Força Oculta.*

FIGURA 6.1: Sessão de *Brainstorming*: Técnica para a Geração de Ideias Criativas.

FONTE: https://pixabay.com/pt/analisando-as-pessoas-brainstorming-3441040/

O *brainstorming* é uma técnica que estimula a criatividade a partir do incentivo à participação por parte das pessoas que estão estudando um determinado problema (Figura 6.1). Tem por objetivo coletar o maior número de ideias, opiniões e informações para solucionar ou melhorar uma questão. Por meio dele é possível identificar alternativas para a resolução de problemas. Ele é muito utilizado pelas empresas; é de fácil aplicação, além de ser dinâmico e interativo. Essa técnica também é conhecida como "tempestade de ideias" ou "toró de palpites".

O *brainstorming* é conduzido por um facilitador que tem como função acordar as regras de participação com o grupo, o tempo do desenvolvimento da atividade, explicar os objetivos das atividades, registrar as discussões, criar um ambiente favorável para os debates e monitorar os comportamentos de forma que os participantes se sintam à vontade para apresentar suas ideias e opiniões.

As principais condições para realizar um *brainstorming* são:

- O tempo da atividade. Assim, as pessoas poderão se organizar melhor, podendo participar de forma mais livre sem ter preocupações com outras tarefas na empresa.
- Durante a apresentação das primeiras ideias, nenhum participante poderá interromper a fala do outro, por mais absurda que possa parecer a opinião de um colega. A interrupção/contestação nesse momento da atividade poderá gerar um bloqueio nos participantes, que temerão ser censurados pelos demais.
- A liberação, ou não, do uso de dispositivos eletrônicos durante as atividades. O mais comum é a não permissão deste uso para evitar desvios de pensamento e o baixo envolvimento dos participantes.
- As discussões e debates sobre as ideias apresentadas somente poderão ser realizados após o término da fala de todas as ideias, conforme comentado. Vale dizer que muitas vezes as ideias que primei-

ro surgem para nós podem parecer absurdas e inviáveis, mas serão as melhores e mais criativas.

- O uso do consenso para a tomada de decisões. Discutir uma ideia até chegar ao consenso com certeza não será a forma mais rápida para tomar decisões, mas com certeza tende a ser a melhor, pois permite que as pessoas argumentem e contra-argumentem gerando um melhor entendimento das variáveis envolvidas numa questão. Para trabalhar com decisões baseadas no consenso, deve-se ter o cuidado de não formar grupos com muitas pessoas, pois fica mais difícil conciliar as ideias. Sugerem-se que o grupo tenha em torno de 25 pessoas, no máximo.
- Deve-se evitar a tomada de decisões baseadas no voto, pois o grupo dos "perdedores" tende a ficar incomodado, podendo gerar uma quebra na coesão entre as pessoas.

Após os acordos estarem firmados entre os participantes, o momento seguinte é iniciar a sessão do *brainstorming*. Sugere-se as seguintes etapas (Figura 6.2):

▼▼▼ FIGURA 6.2: Momentos do *Brainstorming*.

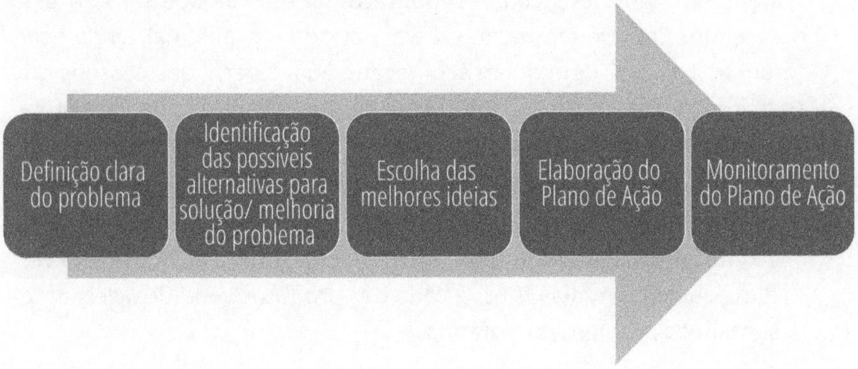

FONTE: Elaborado pelas autoras

1. O primeiro momento de uma sessão de *brainstorming* é a **definição clara do problema** a ser estudado. Elabore perguntas simples e objetivas para identificar qual é o problema a ser investigado. Por exemplo:

    - O que está incomodando?
    - Qual é a "dor" da situação?
    - Qual é o problema?
    - O que se deseja alcançar?

    É importante que todos entendam o problema a ser estudado, pois um problema mal definido poderá encontrar respostas "erradas". Ou seja, se não sabe o que investigar, qualquer resultado será errado. Também é importante que seja definido um objetivo a ser atingido com o estudo a realizar.

    Por exemplo: uma empresa com elevado índice de rejeição de um novo produto lançado no mercado pode definir que o problema seja: "design inadequado do produto" e tenha como objetivo "aumentar em 30% as vendas nos próximos 3 meses como forma de demonstrar que o design tenha sido melhorado". A partir definição clara do problema e do objetivo a ser atingido é que o *brainstorming* deve ser iniciado. É importante que todos os participantes entendam porque estão reunidos.

2. Com base no problema claro definido por todos, elabore questões que podem explicá-lo, tais como: o que aconteceu? Por que tal fato está ocorrendo? Em que momento é demonstrado o problema? Onde ocorreram as queixas? Com quem aconteceu? Qual o perfil das pessoas que se queixam? Qual a frequência? Essas perguntas ajudam na **identificação das possíveis alternativas e/ou soluções** para o problema.

    Por exemplo: as respostas para esse problema podem ser o excesso de devolução do produto porque os clientes não conseguem manuseá-lo; tal situação ocorre quando o cliente o utiliza pela primeira vez; tem ocorrido em dias frios; a cada dez produtos vendidos, seis apresentam os problemas relatados.

    Com o estímulo às perguntas, os participantes vão propor ideias variadas. Competirá ao facilitador do processo registrar todas as informações apresentadas (sem promover críticas), podendo usar cartolinas, folhas de rascunho, *flip charts, data show* ou qualquer outro recurso, desde que todas as contribuições fiquem expostas para que os participantes possam visualizá-las. Dessa forma, as informações compartilhadas ficam acessíveis para as fases seguintes do *brainstorming*.

3. Quando os participantes começarem a ficar calados ou a repetir as contribuições, é provável que seja o momento de parar o estímulo ao levantamento das ideias. Caberá ao facilitador informar que o momento "livre e sem críticas" foi finalizado e que o grupo entrará numa nova fase para a seleção das melhores ideias por meio da escolha baseada no consenso. É nesse momento que o facilitador estimulará uma discussão crítica sobre as informações e ideias apresentadas. Ele deverá desafiar os participantes sobre a escolha das melhores ideias e das melhores soluções para o objeto em estudo. Nesse momento, os participantes argumentarão e discutirão as ideias apresentadas de forma respeitosa e sempre com o espírito de atingir o objetivo desejado e estabelecido no início da atividade.

4. Escolhidas as melhores ideias, o passo seguinte é a elaboração do plano de ação que visa estruturar o que deve ser realizado na prática a partir das escolhas apontadas pelos participantes.

   Uma das técnicas mais usuais para elaboração de um plano de ação é conhecida como 5W2H, muito utilizada nos Programas de Qualidade. O 5W2H é composto por sete perguntas essenciais para a organização da ação, que são:

Tabela 6.1: Perguntas Essenciais do 5W2H.

1	W	WHAT (o quê)	**O que fazer** para que o objetivo seja alcançado?
2	W	WHO (quem)	**Quem** deve participar de cada ação? Pode ser uma área ou uma pessoa/ profissional.
3	W	WHEN (quando)	**Quando** cada ação ocorrerá?
4	W	WHY (por quê)	**Por que** é importante que cada uma dessas ações seja realizada?
5	W	WHERE (onde)	**Onde** será desenvolvida a ação?
6	H	HOW (como)	**Como** cada ação será desenvolvida?
7	H	HOW MUCH (quanto)	**Quanto** custará cada ação? Utilize esse item também para verificar quanto em relação à meta a ser atingida, e não apenas os valores financeiros da ação. Ou seja, elabore perguntas, tais como: de que forma será evidenciado quantitativamente se essa ação atingiu o desejado? Qual é a meta?

Veja na prática um exemplo (Tabela 6.2) de como ficaria um Plano de Ação para resolver o problema das reclamações dos clientes sobre o design do produto fictício em questão.

Tabela 6.2: Exemplo Prático de um Plano de Ação Baseado na Técnica 5W2H.

WHAT	WHO	WHEN	WHY	WHERE	HOW	HOW MUCH
Revisar o processo aplicado para monitoramento das reclamações	Gerente de atendimento	Outubro	O procedimento não está adequado	Setor de atendimento	Reunião com a equipe de atendimento e de produção	4 horas de reunião
Revisar as classificações e motivos das reclamações	Gerente de atendimento	Novembro	Identificar melhor os motivos das reclamações	Setor de atendimento e de produção	Análise de cada reclamação sobre o design	8 horas de análise
Redefinir o novo design	Gerente de produção	Dezembro	Validar o novo design produto	Setor comercial com o setor de produção	Testagem de um novo processo produtivo e de mercado	240 horas de trabalho

Fonte: Elaborado pelas Autoras

É por meio do Plano de Ação que é realizado o monitoramento de um planejamento, sendo possível validar se o que o foi planejado foi executado. O monitoramento de um Plano de Ação ocorre por meio de reuniões nas quais os participantes apresentam as ações realizadas e como ocorreu o processo de cada momento previsto, seja para apresentar os resultados positivos alcançados ou não. O que vale nesse momento é a discussão sobre as ações. Caso os objetivos não tenham sido alcançados, a equipe em conjunto poderá formular novas estratégias para resultados melhores.

A técnica do *brainstorming* é uma referência de postura e comportamento para o desenvolvimento das demais técnicas que serão apresentadas, pois ela propõe colocar os participantes em condições favoráveis à criação. Utilize esse paradigma para estabelecer a forma de trabalho criativo e participativo.

World Café

O *world café* é uma técnica de estímulo à criatividade que trabalha com os conceitos e o espírito do *brainstorming* (colaboração e participação). Porém, as colaborações entre as pessoas ocorrem como se os participantes estivessem tomando um café numa cafeteria, conforme demonstrado na Figura 6.3, mas para discutir um problema em comum e buscar de soluções e melhorias para os problemas apontados.

▼▼▼ Figura 6.3: Sessão de *World Café*.

Fonte: https://pixabay.com/pt/papel-neg%C3%B3cios-finan%C3%A7as-documento-3213924/

Essa técnica foi criada por Juanita Brown e David Isaacs em 1955 por acaso, sem uma intenção prévia. Juanita e David relataram a criação dessa ideia no livro *O World Café: Dando Forma ao Nosso Futuro por meio de Con-*

versações Significativas e Estratégicas. Relataram que, um dia, em função de uma forte chuva, tiveram que alterar a forma como estavam habituados a conduzir reuniões: formar um círculo para as discussões. Todas as mesas da sala de reunião tiveram que ser reorganizadas em pequenos grupos com quatro a cinco cadeiras no espaço disponível da sala em que ocorreria a reunião. Um dos participantes, ao chegar, comentou que as mesinhas lembravam uma cafeteria. Juanita resolveu aproveitar para enfeitar as mesas com plantinhas e dispor o material de suporte para as anotações dos convidados e conduziu a reunião daquela maneira. No livro *O World Café*, são relatados vários exemplos de sucesso dessa técnica que favorece as redes dinâmicas de conversação entre os participantes. Desde então, ela é utilizada em diversas organizações públicas e privadas em todo o mundo, sendo muito aceita por gerar um ambiente dinâmico, flexível e criativo.

O *world café* também conta com a condução de um facilitador, que é denominado na técnica como "anfitrião" e tem como função coordenar as atividades do encontro. Ele deve criar e manter o ambiente descontraído e favorável para despertar nos participantes a vontade de colaborar e compartilhar ideias.

Para promover o *world café*, são sugeridos os seguintes passos:

1. Os participantes ocupam as mesas de forma aleatória, se for o melhor para o objetivo do trabalho. Em cada mesa, ficam grupos de quatro a cinco pessoas.
2. Para criar um ambiente descontraído, sugere-se que sejam oferecidos cafés em cada mesa.
3. O anfitrião explica as regras e as normas de boa conduta em relação ao desenvolvimento da dinâmica do trabalho.
4. As pessoas começam as conversas sobre o assunto objeto da reunião, e um dos membros de cada grupo anota as ideias apontadas, podendo ser em folhas avulsas ou até mesmo na tolha da mesa, se for de papel. É importante que nesse momento já seja definido quem será o facilitador da mesa, pois caberá a esse participante registrar todas as discussões.

5. Após um período de 20 a 30 minutos (varia conforme o objeto da discussão), os participantes de cada grupo deverão mudar de mesa, permanecendo na mesa inicial apenas o participante que ficou como facilitador para registrar as informações e ideias. Os participantes que circulam entre as mesas são denominados "viajantes" ou "embaixadores do significado". Essa fase é conhecida como "polinização cruzada". É o momento de incorporação e troca de novas ideias. Essas rodadas devem acontecer 3 ou 4 vezes, ou até que todos tenham circulado nas diferentes mesas.
6. Logo após o momento da polinização das ideias, o anfitrião que coordena o trabalho promove a discussão com todo o grupo, como se fosse uma assembleia, para decidirem os resultados encontrados e as ideias apresentadas visando atingir os objetivos da reunião.

Biomimética

Você já imaginou se inspirar na natureza para criar produtos inovadores? É o que propõe a *biomimética.* Janine M. Benyus, criadora dessa teoria, propõe no seu livro *Biomimética: Inovação Inspirada pela Natureza* que o ser humano deveria focar suas ações em imitar a natureza, e não em dominá-la e melhorá-la. Janine Benyus sugere que a natureza é uma fonte de inspiração e que é possível aprender com ela para ter novas ideias, basta observar como ela se movimenta, funciona e interage. A biomimética valoriza a natureza, valor que deve ser cultivado pela sociedade.

A biomimética sugere observarmos ações simples, tais como: agarrar, girar, mover, articular, rastejar, encapsular, separar, aderir, flutuar, grudar, cortar, dentre outras. Para essa teoria, a natureza, ao longo dos anos, aperfeiçoou seus movimentos, e esses exemplos podem ser copiados na criação de novos produtos. Esse é um desafio para as empresas que apostam na inovação como metodologia de trabalho (para elas, uma vez captada uma boa ideia, esta poderá ser um diferencial no mercado).

Essa técnica já é utilizada em alguns produtos do nosso cotidiano (veja as Figuras 6.4, 6.5 e 6.6), que são resultados da aplicabilidade do método, seja para criar um produto ou até mesmo para definir seu design.

▼▼▼ FIGURA 6.4: Velcro.

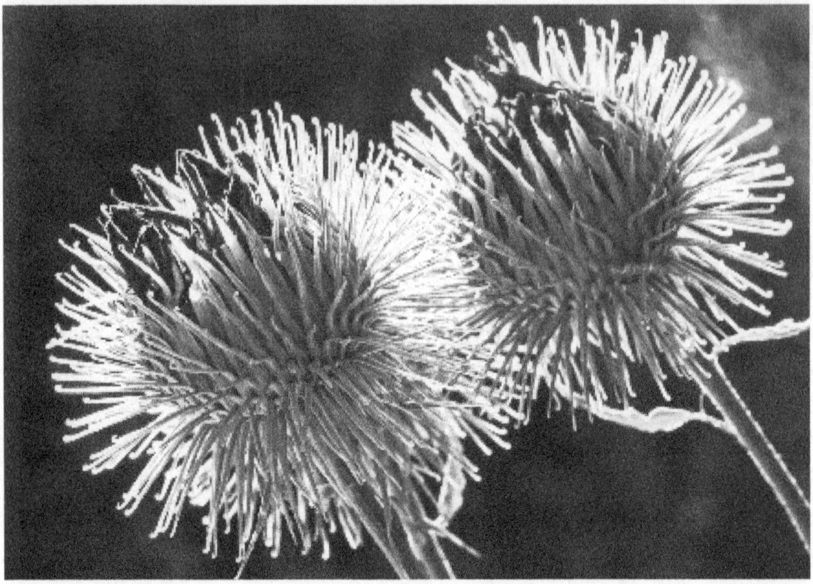

FONTE: https://pixabay.com/pt/fechamento-de-velcro-farpa-1988256/ - Acesso em 28/10/2018

▼▼▼ FIGURA 6.5: Uso Prático do Velcro no Cotidiano.

FONTE: https://pixabay.com/pt/nike-sapatos-de-beb%C3%AA-sapato-beb%C3%AA-1201595/ - Acesso em 28/10/2018

Um exemplo da aplicabilidade da técnica é o de um pesquisador que percebeu que alguns pequenos vegetais com espinhos ficavam grudados na sua roupa durante suas caminhadas, daí surgiu a ideia de criar o velcro.

Outro exemplo popular no mercado é o carro biônico Mercedes-Benz inspirado no peixe-cofre. Por causa de suas linhas fluidas, apresentando um ideal aerodinâmico, a Mercedes-Benz o utilizou como inspiração para o desenvolvimento do carro biônico, com características compactas e totalmente funcional, adequado para uso em estradas e com espaço para quatro pessoas mais bagagens. Ele é considerado um veículo conceito dentre os mais eficientes em sua categoria de tamanho.

▼▼▼ FIGURA 6.6: Carro Biônico da Mercedes-Benz.[1]

FONTE: http://www.diseno-art.com/encyclopedia/concept_cars/mercedes_bionic.html (acesso em 28/10/2018)

[1] Texto adaptado do site https://www.mercedes-benz.com.br/institucional/mundo-mercedes-benz/carro-conceito-bionic-car do dia 21/09/2016.

SCAMPER

A técnica SCAMPER é a escolha da 3M para criar produtos inovadores. SCAMPER é o acrônimo dos verbos: *Substituir, Combinar, Adaptar, Modificar, Procurar outro uso, Eliminar* e *Rearrumar*, que sinalizam que a criação de ideias deve passar pelo seguinte processo:

Tabela 6.3: Significado do Acrônimo da Técnica SCAMPER.

Substituir	O novo produto pode ser oriundo de outro, ter outro nome ou um novo jeito de ser feito.
Combinar	O novo produto pode ser resultado da combinação de materiais, da mistura de soluções ou da combinação de interesses.
Adaptar	O novo produto pode ser adaptado para outro público-alvo ou ter outro uso diferente daquele para o qual foi criado.
Modificar	O novo produto pode ter cor, formato ou sabor alterado.
Procurar outro uso	O novo produto pode ser ampliado para outros usos e usuários.
Eliminar	O novo produto pode ter um tamanho reduzido, componentes eliminados ou funções suprimidas.
Rearrumar	O novo produto pode ser uma reconstrução, pode ser o avesso de outro produto.

Fonte: Elaborado pelas autoras

Além disso, é possível associar a técnica a tendências tais como: menor impacto ambiental, digitalização e informatização dos processos e melhoria de qualidade de vida. Conforme o tipo de produto e organização, são sugeridas diferentes associações.

A 3M é uma empresa conhecida mundialmente pelo contínuo lançamento de produtos inovadores e com escalabilidade para o dia a dia das pessoas. Dentre elas, podemos citar: a lixa d'água, a fita crepe, o líquido impermeabilizante, o Post-it e o líquido supressor de poeira.

TRIZ — Teoria da Solução Inventiva de Problemas

A TRIZ é utilizada por muitas empresas de grande porte, tais como a BMW, Boeing, GM, Ford, Bombardier, Volvo, Shell, dentre outras. Essa metodologia também é utilizada nos segmentos da administração, publicidade e pedagogia para a criação inventiva de soluções.

Ela é baseada na metodologia e filosofia da *Teoria da Solução Inventiva de Problemas* (TRIZ, em seu acrônimo russo), desenvolvida na década de 1940 por Genrich Altshuller, mas difundida a partir da década de 1990, tendo sido validada na Rússia apenas na década de 1980. Essa teoria sugere que compete ao homem criar as inovações tendo como referência conhecimentos já adquiridos.

Para criar soluções inventivas com a metodologia TRIZ, Altshuller orienta a realização dos seguintes passos:

- Identifique o problema;
- Diminua o que for considerado inútil ou prejudicial à sua solução;
- Estimule o pensamento contraditório, criando situações "incompatíveis", "absurdas", ou "ilógicas" para sua solução;
- Extraia do próprio problema o que pode ser útil para que ele seja resolvido;
- Identifique o tempo, o espaço e as interações oriundas do problema analisado;
- Crie modelos concretos que podem demonstrar as funcionalidades do problema e de sua solução.

A TRIZ sugere que o processo de inovação é resultado de muita dedicação, tempo, esforço e conhecimento, e que ele deve ser estruturado, pois as ideias não são obtidas do acaso e de forma aleatória. Os resultados dos processos inovadores são obtidos de forma estruturada e sistematizada, e não devem ser baseados em tentativas e erros, pois isso é custoso para as organizações.

As inovações obtidas com os passos anteriores, segundo essa metodologia, podem ser percebidas em cinco níveis, que são:

- Nível 1: Pequena melhoria de um sistema técnico já existente;
- Nível 2: Envolve a resolução de problemas técnicos, de situações contraditórias e é decorrente de conhecimentos de diferentes áreas;
- Nível 3: Envolve a resolução de problemas físicos e conhecimentos de diferentes áreas;
- Nível 4: Envolve a criação de novos paradigmas tecnológicos, modificando o significado da tecnologia atual;
- Nível 5: É resultado de pioneirismo científico e tecnológico.

Seis Chapéus do Pensamento

A técnica dos *Seis Chapéus do Pensamento* foi criada por Edward de Bono e divulgada no livro de mesmo nome e da sua autoria. Ela foi inspirada no filósofo chinês Confúcio e destaca o comportamento, e não a personalidade das pessoas; ele não tinha interesse em descrevê-las.

Por meio dessa técnica, as pessoas são estimuladas a pensar sobre um problema sob diferentes aspectos, buscando experiências distintas, pontos de vistas e sensibilidade de cada pessoa.

Por que seis chapéus de seis cores? Porque as pessoas mudam seus posicionamentos quando ocupam cada uma das cores, estimulando uma nova e diferente forma de ver o problema (Figura 6.7). Confira a explicação a seguir.

FIGURA 6.7: Significados das Cores dos Seis Chapéus.

FONTE: Elaborado pelas autoras
Esta imagem é colorida e encontra-se disponível em: www.altabooks.com.br (busque pelo título do livro).

1. **Chapéu branco**: O participante assume um posicionamento neutro e objetivo e o usa como referência para dar opiniões, fatos, dados e números de forma clara e assertiva.
2. **Chapéu vermelho**: O participante assume um posicionamento emocional sobre problema, demonstrando irritação, pavor, excesso de entusiasmo ou qualquer outra emoção.
3. **Chapéu amarelo:** O participante assume um posicionamento otimista, demonstrando esperança e pensamentos positivos.
4. **Chapéu verde:** O participante assume um posicionamento criativo, sugerindo novas ideias.
5. **Chapéu preto:** O participante assume um posicionamento negativo e cautelo sobre o problema, demonstrando os pontos fracos das propostas.
6. **Chapéu azul:** O participante assume um posicionamento sereno quanto ao controle, à organização das atividades do processo e à utilização de todos os posicionamentos de cada um dos chapéus.

A prática dessa metodologia funciona da seguinte forma:

- Ao identificar um problema que necessite de uma solução inovadora e criativa, os participantes são estimulados a pensarem conforme posicionamento de cada um dos chapéus. Para isso, deixe claro o significado de cada cor.

- Utilize comandos de acordo com as cores dos chapéus, tais como:

  "Tirem o chapéu verde" — Quais seriam as percepções?

  "Vamos agora tirar o chapéu preto" — Como identificaríamos tal situação?

  "Talvez essa abordagem seja do chapéu amarelo, que tal usarmos o pensamento do preto?"

- Registre todos os apontamentos em *flip charts* ou em outro recurso disponível, de forma que as contribuições possam ser visualizadas.

Por fim, valide com o grupo as soluções encontradas e elabore o Plano de Ação para colocá-las em prática. Lembre-se: uma ideia só é considerada inovação quando é colocada em prática e aceita no mercado.

Open Innovation

Em 2008, foi iniciado um movimento conhecido como Open Innovation Web, que compreende uma semana de convenção com a participação de várias empresas e universidades com o objetivo de criar redes de relacionamentos entre pessoas que atuam em grandes, médias e pequenas empresas e startups, especificamente para trocar experiências e ideias sobre inovações e favorecer a prática da inovação aberta, que se dá por meio do intercâmbio entre as organizações. Para conhecer esse evento, acesse o site http://www.oiweek.com.br/ [em inglês].

A técnica de *open innovation,* apresentada no Capítulo 3, considera as possibilidades de levantamento de informações e estímulos dentro e fora da organização para pensar e formular o desenvolvimento de novas tecnologias e produtos. Essa técnica pressupõe que o conhecimento está globalizado e distribuído nos países, sendo dispendioso para uma organização reunir em si todo o conhecimento necessário para gerar a inovação.

Para identificar ideias criativas com a técnica de *open innovation*, é necessário conhecer as boas práticas disponíveis em outras organizações, além dos conhecimentos internos disponíveis na própria empresa. Ou seja, é importante a realização de *benchmarking*: conhecer as melhores práticas das organizações. Vale dizer que colocar essa técnica em prática não deve se restringir às empresas do mesmo segmento e porte, pois existem outros ambientes que favorecem a inspiração, como sugere a técnica da biomimética: a natureza é uma grande fonte de inspiração. Em outras palavras, muitas vezes o ambiente de estímulo de novas ideias vai muito além daquele ao qual estamos habituados.

Estruturação das Ideias Criativas e Inovadoras: Um Passo para Alavancar uma Startup

Neste tópico, você aprenderá a elaborar uma ideia como prática, ou seja, a transformar o pensamento em ação, efetivando a postura empreendedora que vai além do ser criativo e é capaz de realizar sonhos.

Para isso, apresentaremos as ferramentas que utilizam o Modelo de Negócios Canvas, conhecido também como BMG (*Business Model Generation*), Proposta de Valor e *Project Model Canvas* (PMC). A metodologia Canvas é muito difundida no mercado por sua facilidade e possibilidade de estruturar uma ideia na prática de forma lúdica, rápida e criativa, atendendo aos requisitos atuais dos negócios.

As técnicas que utilizam o Canvas, conforme será apresentado, usam como referência a neurociência, que entende que o nosso cérebro processa melhor as informações quando elas são transmitidas de forma simples e esquemática. Tendo como referência o entendimento da neurociência, os conceitos, definições ou estratégias devem ser apresentados por meio de símbolos, evitando textos densos, para que a visualização e a compreensão sejam mais rápidas e mais efetivas.

A neurociência é o estudo do sistema nervoso e suas ligações com todo o funcionamento do organismo, incluindo a relação entre o cérebro e o comportamento das pessoas. A neurociência, dentre outras preocupações, estuda como ocorrem os mecanismos de aprendizagem, emoção, atenção, memória, linguagem e comunicação do ser humano. Ela tem sido também muito utilizada no campo de desenvolvimento de lideranças empresariais como forma de entender como os líderes podem envolver e comprometer melhor suas equipes para alcançar os objetivos empresariais.

Por usar como referência a neurociência, os quadros propostos pelas diferentes modalidades do Canvas são organizados a partir da compreensão que se tem dos dois lados do cérebro: o lado esquerdo, que trabalha com o pensamento lógico, racional e sequencial, e o lado direito, que trabalha com a emoção. Entende-se que uma análise das necessidades dos negócios deve considerar, simultaneamente, a lógica e a emoção.

O profissional que utilizar as técnicas Canvas deve ter alguns cuidados semelhantes aos já apresentados no uso do *brainstorming*, tais como:

- Estimular um ambiente positivo, interativo e participativo;
- Permitir que os participantes se apresentem;
- Esclarecer como será desenvolvido o trabalho;
- Estimular ao máximo o nível de atenção dos participantes;
- Promover reuniões curtas e objetivas, evitando a dispersão dos participantes;
- Usar e abusar de imagens e símbolos para facilitar a visualização da atividade.

- Utilizar notas adesivas coloridas para atrair a atenção e facilitar as interações, correções e melhorias;
- Utilizar a ordem sequencial das técnicas apresentadas, visando dar sentido ao desenvolvimento do trabalho;
- Estimular o entendimento integrado das informações elaboradas;
- Evitar detalhar as informações apresentadas no Canvas. Todo o detalhamento deverá ser realizado posteriormente, em formato de planos de ação, planilhas eletrônicas e outros documentos identificados como necessários.

O Canvas é uma ferramenta que procura entender melhor seu cliente e certificar que o produto ou serviço que a startup busca ofertar está alinhado com seus desejos ou resolve seus problemas, o que reduz riscos de fracasso futuro e aumenta as chances de sucesso. **Risco** é algo inerente a uma startup, e a equipe não deve medir esforços para minimizá-lo.

Um levantamento realizado pela CB Insights com 101 startups que fracassaram identificou os 20 principais motivos deste fracasso. Observe na Figura 6.8 que 42% das startups que falharam citam a não necessidade do mercado do produto ou serviço ofertado. Esse dado é muito importante para mostrar que, se o mercado não enxerga a necessidade de determinado produto ou serviço, por mais moderno que ele seja, a chance de fracasso é alta se a startup não pivotar.

▼▼▼ FIGURA 6.8: Vinte Principais Motivos para o Fracasso das Startups.

FONTE: https://www.cbinsights.com/research/startup-failure-reasons-top/ (acesso em 31/10/2018)

Deve existir seriedade em todo o processo de desenvolvimento do modelo de negócio, pois é nesse momento que a startup fará os devidos ajustes para se certificar de que existe mercado e que o produto está adequado para atendê-lo. Se não estiver, ainda há tempo para realizar mudanças.

As técnicas Canvas visam simplificar as ideias, agilizar o desenvolvimento do trabalho e são baseadas na capacidade de síntese. Ou seja, tem como foco a economia de palavras e a integração dos conteúdos, sempre com uma construção colaborativa e participativa.

Para promover a interação entre os participantes durante a elaboração do Canvas, sugere-se a impressão do quadro em papel A3, ou que os participantes o desenhem numa cartolina. O que facilitará a interação entre os participantes, além da visualização do quadro, podendo ser fixado numa parede.

O Canvas foi desenvolvido por Alexander Osterwalder e Yves Pigneur e difundido por meio do livro *Business Model Generation: Inovação em Modelos de Negócios*. A partir dessa iniciativa, a técnica passou a ser bastante divulgada e utilizada no mercado.

Veja como tudo começou: Alex Osterwalder defendeu sua tese de doutorado sobre inovação de modelos de negócios sob a orientação do prof. Yves Pigneur e, em seguida, divulgou os resultados no seu blog, tornando-se referência para grandes empresas de todo o mundo. Alex promovia inúmeros *workshops* nas empresas e um dia foi desafiado a lançar um livro sobre o método, porém, questionou-se: como um livro se destaca num mercado editorial tão competitivo e saturado?

Alex discutiu algumas ideias com Yves Pigneur e eles resolveram criar uma plataforma colaborativa online para fazer uma cocriação. Essa iniciativa teve a colaboração de 470 pessoas, tornando o livro um produto cocriado.

Após a apresentação das três modalidades do Canvas, apresentaremos como "vender" uma ideia para um investidor, pois sabemos que não basta ter uma boa ideia que tenha uma escalabilidade no mercado, é necessário ter recursos financeiros para que isso ocorra.

A elaboração do PMC deve estar alinhada ao Canvas Modelagem de Negócio e ao Canvas Proposta de Valor. Observe que cada um tem uma finalidade. O Canvas Modelagem de Negócio desenha a ideia como um todo e suas relações. O Canvas Proposta de Valor detalha e especifica as necessidades dos clientes e o PMC estrutura a ideia para que ela seja operacionalizada pela equipe.

Podemos dizer que a Modelagem de Negócio e a Proposta de Valor são de análise estratégica, de longo prazo, enquanto o PMC é uma ferramenta tática que vai operacionalizar um projeto de acordo com a modelagem do negócio e o valor pretendido a ser alcançado. O PMC visa alcançar uma ação que tem prazo para começar e ser finalizada.

A estrutura do Canvas Modelo de Inovação de Negócios

O Canvas Modelagem de Negócios é composto por nove segmentos, que devem ser elaborado na seguinte sequência:

1. Segmentos de clientes;
2. Proposta de Valor;
3. Canais;
4. Relacionamento com Clientes;
5. Fontes de Receita;
6. Recursos Principais;
7. Atividades-Chave;
8. Parcerias Principais;
9. Estrutura de Custos.

Para elaborar o primeiro Canvas Modelagem de Negócios, utilize os princípios e as técnicas do *brainstorming*. Convide as pessoas que desejam discutir o negócio e crie um ambiente favorável para a troca de ideias. Num primeiro momento, tenha como referência que o importante é fazer o levantamento de ideias e, em seguida, a validação consensual de todo o grupo. O preenchimento do Canvas deve ser por meio de textos simples e diretos em formato de tópicos. Sugere-se que isso seja por meio de notas adesivas com o modelo desenhado numa cartolina. O uso das notas adesivas facilita a revisão dos itens discutidos e, caso ocorra alguma alteração, basta removê-lo. O quadro Canvas pode ser conferido na Figura 6.9.

▼▼▼ FIGURA 6.9: Quadro de Inovação do Modelo de Negócio.

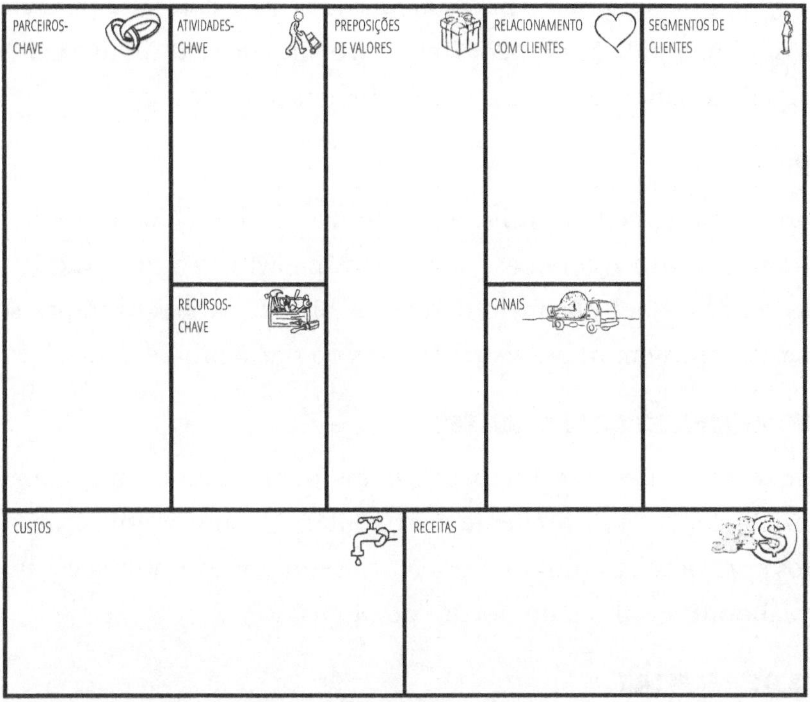

FONTE: Adaptação de OSTERWALDER e PIGNEUR (2011, p. 44)

Detalharemos os conteúdos a serem descritos em cada um dos segmentos a seguir.

SEGMENTOS DE CLIENTES

Deixe claro quem são os clientes do negócio e as demandas que eles têm. Em outras palavras: defina qual é o perfil dessa clientela. A partir dessa definição, constitua a sequência da análise de todo o Canvas. Se for o caso, elabore-o a partir de cada cliente, podendo aproveitar os resultados das análises entre eles.

PROPOSIÇÕES DE VALORES

Identifique o que o cliente deve perceber ao adquirir o produto ou serviço. Quais expectativas ele deseja suprir? Novidade, design simplificado ou arrojado, desempenho com maior ou menor potência, preço, marca, facilidade de uso? Imagine a proposta de valor a ser entregue para cada cliente. Aqui não trata-se de valor financeiro, mas de valor intangível. Verifique quais seriam os conceitos envolvidos em cada entrega.

CANAIS

Identifique como os clientes chegarão até sua empresa. Como eles terão acesso aos produtos e serviços? Em outras palavras: como serão realizadas as vendas? Será por meio de vendas online, catálogos impressos, lojas físicas, representantes, distribuidores ou outra modalidade?

RELACIONAMENTO COM CLIENTES

Identifique os canais que serão utilizados para se relacionar com os clientes. Ou seja, como o cliente será contatado após a aquisição dos produtos e serviços? Como ocorrerá o pós-venda? Existirá uma comunidade colaborativa online, um fórum de discussão?

FONTES DE RECEITAS

Identifique as diversas opções em que a empresa poderá cobrar pelos serviços. Será pela venda, pela assinatura, por taxas de uso, ou por licenciamento? Quanto mais opções de fontes de receita a empresa tiver, melhor será. Lembre-se: por mais que façamos um planejamento, não é possível identificar exatamente como o mercado reagirá.

RECURSOS PRINCIPAIS

Identifique os recursos físicos, humanos, financeiros e intelectuais que são essenciais para que o empreendimento funcione. Por exemplo: quantos profissionais deverão ser envolvidos? Qual o perfil e a qualificação deles? Será necessário ter um espaço físico para essa atividade? Se sim, em que local?

ATIVIDADES-CHAVE

Identifique as atividades que são consideradas essenciais para ofertar os produtos e serviços para atender aos seus clientes (por exemplo: treinamentos, palestras, publicidade, relacionamento corpo a corpo, produção de conteúdo, design, compras, estoque). De acordo com o negócio a ser implementado, diferentes atividades devem ser priorizadas.

PARCERIAS PRINCIPAIS

Identifique quem são os parceiros estratégicos para que o empreendimento tenha os melhores resultados e o que eles ofertarão para beneficiar o negócio. Pense em parceiros essenciais. Identifique as alianças a serem firmadas com seus parceiros, variando de acordo com cada um. Pense numa relação de ganho e oferta.

ESTRUTURA DE CUSTOS

Identifique quais são os principais custos de operação desse negócio. Defina uma estrutura dos custos de toda a sua operação, classifique--os em fixos e variáveis, diretos e indiretos, e gerencie todos os gastos realizados.

O Canvas Modelo de Negócio foi organizado a partir das contribuições dos dois lados do cérebro: o lado esquerdo (lógica) e o lado direito (emoção). A análise do negócio deve considerar a eficiência (lógica) e o valor (emoção).

Os elementos que compõem os relacionamentos com os clientes, os canais de divulgação, os segmentos dos clientes a serem atendidos, e as possibilidades de receitas, são oriundas do lado da emoção, o que favorecerá uma maior geração de valor ao empreendimento. Enquanto a parte lógica do pensamento e da eficiência é composta pelos elementos que compõem os parceiros-chave, as atividades-chave, os recursos-chave e os custos envolvidos na operação. De acordo com a análise dos autores dessa técnica, a proposição de valores considera a utilização das duas partes do cérebro.

Veja um exemplo prático do uso do quadro Canvas de Modelagem de Negócios de um projeto de uma empresa de assessoria e treinamento, conforme demonstrado na Figura 6.10.

▼▼▼ Figura 6.10: Exemplo Prático de Utilização do Canvas de Modelagem de Negócios.

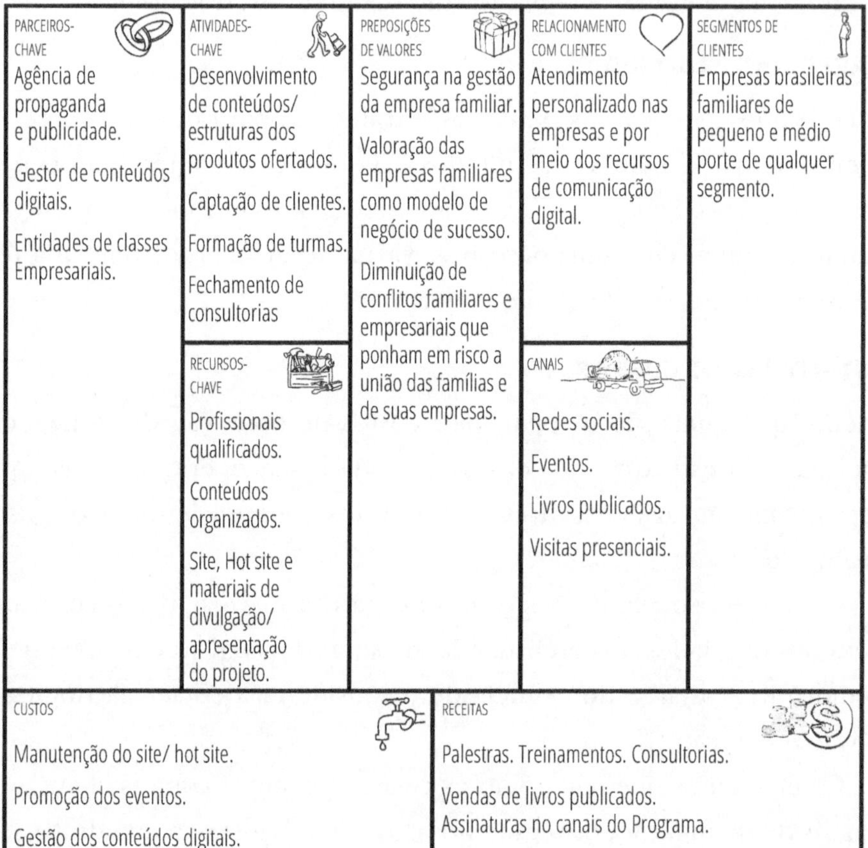

Fonte: Elaborado pelas autoras

Um fator de sucesso do Canvas é a realização de diversas entrevistas com os potenciais clientes. A aplicação de entrevistas é uma forma de validar as hipóteses sobre a concepção do produto ou serviço a ser lançado. Quais hipóteses? Aquelas que a equipe propôs para realizar o primeiro Canvas, conforme Figura 6.9. A meta estipulada pelos especialistas é realizar 100 entrevistas. A equipe deve escutar seus potenciais clientes, sem mostrar o produto prototipado, pois esse é um momento de escutar, e não de ofertar. Por exemplo, se você está desenvolvendo um aplicativo que consulta preços de alimentos e retorna menor valor, pergunte para seu potencial cliente se a consulta de preços de alimentos para ele é um problema (uma dor). A ferramenta que abordaremos a seguir — Canvas Proposta de Valor — vai ajudá-lo no entendimento da dor do cliente. Mas lembre-se: você precisa sair da sua zona de conforto e de dentro da empresa. É necessário sair a campo, e não criar um terceiro contrato para fazer contato com os potenciais clientes. Todos os responsáveis diretamente envolvidos com o sucesso da startup é que devem realizar essa validação da ideia.

Ferramenta Canvas Proposta de Valor

Uma vez definido o modelo de operação de um negócio, o passo seguinte é definir algumas estratégias de marketing para reforçá-lo. Neste sentido, sugere-se a ferramenta Canvas Proposta de Valor, também de autoria de Alex Osterwalder e Yves Pigneur, além de Greg Bernarda e Alan Smith.

Pelo Canvas Proposta de Valor é possível identificar as necessidades e desejos dos clientes e como eles podem ser atendidos conforme os valores da própria organização, integrando os anseios dos clientes com os propósitos da empresa.

O Canvas Proposta de Valor objetiva identificar o comportamento dos consumidores, considerando suas "dores" e desejos. Entende-se que assim fica mais fácil perceber e ofertar o que os clientes esperam como produto ou serviço de uma empresa.

Vale dizer que, para os clientes, o valor vai muito além do preço. Entretanto, não existe consenso sobre o que é valor para um cliente, ele vai variar de acordo com os segmentos dos clientes e com a estratégia competitiva que a empresa deseja alcançar. De acordo com os autores dessa técnica, é bem provável que as empresas devam alcançar de uma forma geral os seguintes elementos: um prazo de entrega adequado, designs que atendam aos diferentes estilos, uma durabilidade em função dos usos definidos, a funcionalidade a ser alcançada, a novidade ou a valorização da tradição, o desempenho (mais empoderado ou não), a personalização por cliente, a posição do status desejado, a conveniência e a usabilidade.

A partir do Canvas Proposta de Valor, as ideias são formatadas de forma mais simples, facilitando a comunicação e a colaboração entre os envolvidos no processo; tornando as definições estruturadas mais claras, práticas e de fácil entendimento; ajudando a compreensão dos valores dos clientes; apoiando a criação ou adequação dos produtos e serviços que as pessoas desejam; minimizando os riscos dos erros; e facilitando a integração com as demais ferramentas Canvas.

Considerando que o mercado é bastante competitivo, sugere-se que o Canvas Proposta de Valor seja continuamente revisto para que possa acompanhar as mudanças dos interesses dos clientes e para que as ações da empresa estejam alinhadas ao seu mapa de valor.

O Canvas Proposta de Valor é útil para novos negócios ou para revisar os já existentes. Ele também leva em consideração os dois lados do cérebro: o direito, que compõe as informações do perfil do cliente, e o esquerdo, que compõe o mapa de valor, conforme a Figura 6.11. As informações definidas no mapa de valor devem estar associadas ao perfil do cliente e vice-versa, significando que houve o encaixe no entendimento e na percepção entre as informações dos clientes e os valores propostos.

▼▼▼ FIGURA 6.11: Mapa de Valor — Canvas Proposta de Valor.

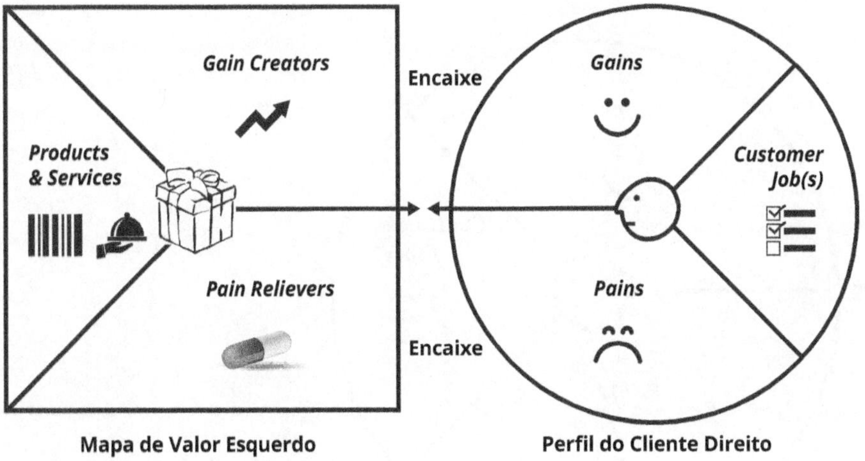

FONTE: Adaptado de OSTERWALDER, A. et. al (2014 pg.8-9)

A elaboração desse Canvas tanto pode ser iniciada pelo lado direito (perfil dos clientes) quanto pelo lado esquerdo (mapa de valor). O importante é que sejam apresentados os benefícios da proposta de valor que é lançada para atrair os clientes que a empresa deseja atingir, sempre observando e verificando o mercado do segmento em análise. Sugere-se que cada análise utilize apenas um produto ou segmento de produto, pois caso a empresa tenha vários produtos e serviços, uma análise pode não se encaixar nos diferentes segmentos, não sendo possível combiná-las entre si, prejudicando a definição de uma proposta consistente.

ENTENDENDO O PERFIL DOS CLIENTES

A análise do perfil dos clientes está estruturada em três conjuntos de valores: tarefas dos clientes, dores e ganhos dos clientes, conforme demonstrado na Figura 6.12.

▼▼▼ Figura 6.12: Perfil do Cliente — Lado Direito do Canvas Proposta de Valor.

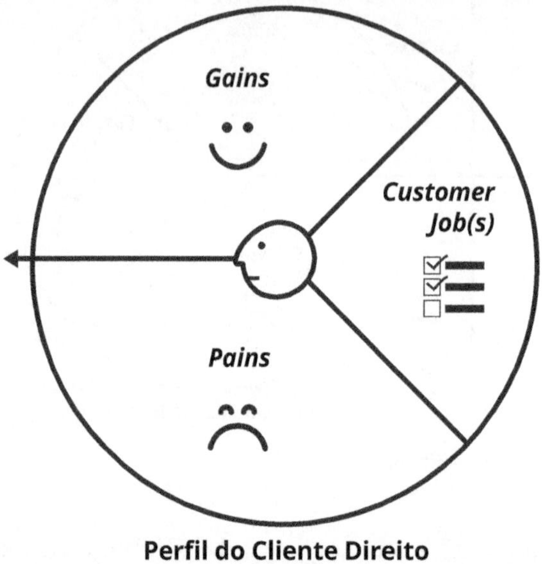

Fonte: Adaptado de OSTERWALDER, A. et. al (2014 pg.23)

A definição do perfil de um cliente é obtida a partir do fluxo demonstrado na Figura 6.13 e conforme as explicações que serão apresentadas.

▼▼▼ Figura 6.13: Fluxo para Identificação do Perfil do Cliente.

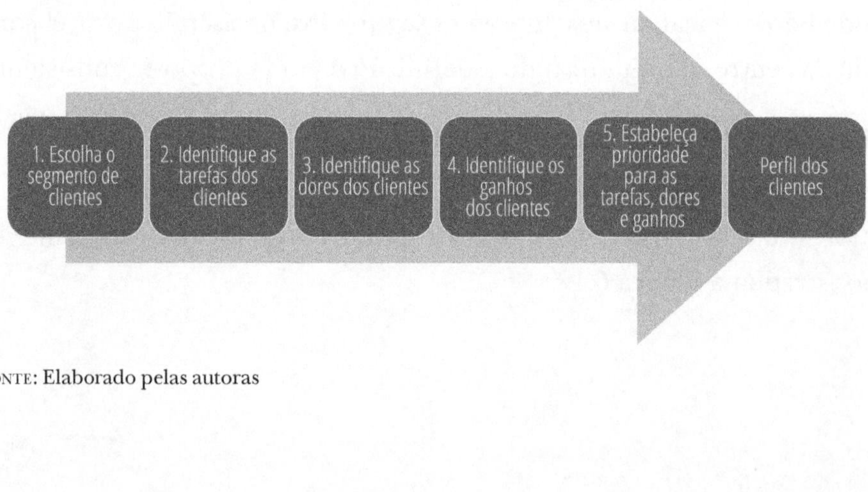

Fonte: Elaborado pelas autoras

- **Tarefas dos clientes (ou *customer jobs*):** Nesta área, são listados os problemas que os clientes têm e o que estão tentando realizar no trabalho e na vida em geral para solucioná-los. Em seguida, as tarefas que os clientes realizam para sanar os problemas são classificadas conforme o grau de importância para o cliente (mais importante, menos importante ou insignificante). Lembre-se: observe como se você fosse o cliente, a análise deve ser realizada da perspectiva dele.
- **Dores (ou *pains*):** Nesta área, são listadas as dificuldades, os obstáculos e os riscos para realizar os desejos dos clientes. Quanto mais dores identificadas, melhor será a análise da situação.

As dores estão relacionadas àquilo que aborrece os clientes antes, durante ou depois de realizar a tarefa de solução do problema, podendo estes serem aborrecimentos relacionados aos custos, aos sentimentos negativos ou aos riscos.

Os autores dessa técnica sugerem alguns questionamentos para identificar dores, dificuldades, riscos e obstáculos. Veja algumas dessas perguntas:

- *O que os clientes acreditam que demanda muito: tempo, dinheiro e ou esforços?*
- *Quais consequências negativas sociais, financeiras ou técnicas que os clientes temem?*
- *Que barreiras impedem os clientes de adotarem soluções, uma proposta de valor?*
- *O que tira o sono dos clientes?*
- *O que faz os clientes se sentirem incomodados? Quais são as dores de cabeça e frustrações?*
- *O que os clientes alegam estar perdendo ou deixando de realizar?*
- *Quais são as principais dificuldades e desafios que o cliente enfrenta?*
- *Quais erros comuns seus clientes cometem?*

Em seguida, classifique as respostas em função da gravidade das dores, podendo ser mais agudas ou mais moderadas.

- **Ganhos (ou *gains*):** São as soluções, resultados e benefícios que os clientes desejam atingir. Objetiva identificar como essas dores podem ser resolvidas, ou seja, quais as ações que podem ser desenvolvidas para cada uma das dores apresentadas.

Os ganhos listados são classificados como: necessários (ganhos essenciais de um produto), esperados (ganhos relativamente básicos e já esperados), desejáveis (ganhos que vão além do que se espera) e inesperados (ganhos que superam as expectativas e os desejos dos clientes).

Os autores orientam alguns questionamentos para identificar os ganhos, tais como:

- *O que traria felicidade para os clientes? Tempo, dinheiro, esforço?*
- *O que eles apreciam na proposta de valor atual? Desempenho, qualidade?*
- *O que pode facilitar as tarefas e a vida de seus clientes?*
- *Qual nível de qualidade eles esperam?*
- *Quais as consequências positivas sociais, financeiras e de aparência eles desejam?*
- *O que eles desejam ganhar: design, garantias, mais recursos?*
- *Quais são os sonhos dos clientes?*
- *O que pode aumentar a probabilidade de os clientes adotarem uma proposta de valor?*
- *Como os clientes mensuram o sucesso e o fracasso?*

Em seguida, os ganhos devem ser classificados em quanto eles são considerados como fundamentais ou bons de ter para os clientes.

ENTENDENDO O MAPA DE VALOR

O *mapa de valor* é composto pelos elementos do lado direito, que são: produtos e serviços, analgésicos e criadores de ganhos, conforme demonstrado na Figura 6.14.

▼▼▼ FIGURA 6.14: Mapa de Valor — Lado Esquerdo do Canvas Proposta de Valor.

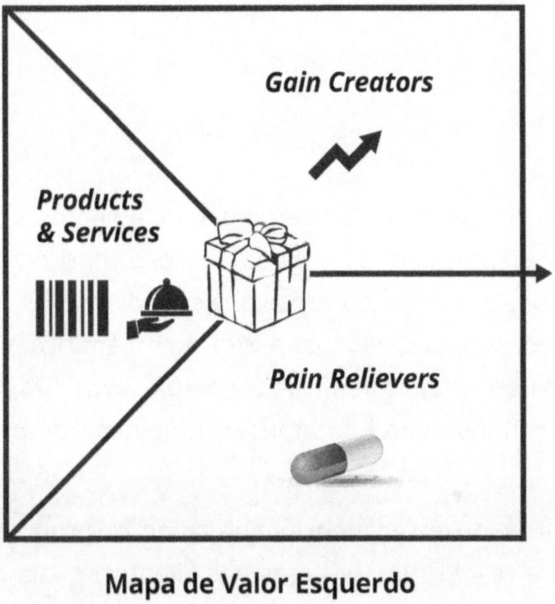

FONTE: Adaptado de OSTERWALDER, A. et. al (2014 pg.23)

Elabore o mapa de valor de acordo com a identificação do perfil do cliente. Utilize o passo a passo do fluxo a seguir (Figura 6.15) conforme as orientações que serão apresentadas.

▼▼▼ FIGURA 6.15: Fluxo para Identificação do Mapa de Valor.

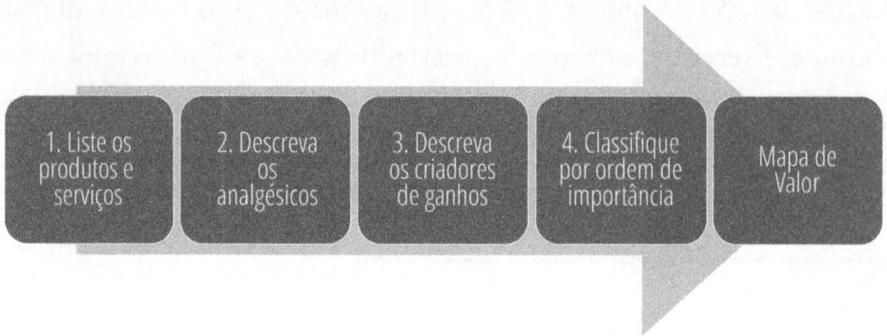

FONTE: Elaborado pelas autoras

- **Produtos e serviços:** Nessa área, são listados os elementos que serão oferecidos aos clientes e que os ajudarão no cumprimento de suas tarefas funcionais, sociais ou emocionais, apoiando-os na satisfação de suas necessidades básicas. Assim que identificar os produtos e serviços, é necessário classificá-los em função de sua relevância, podendo ser fundamental ou atender ao mínimo do que pode ser ofertado.
- **Analgésicos**: Nesta área, deve ser mencionado como os produtos e serviços ajudarão na resolução das dores dos clientes, quais os agentes que aliviarão as dores.

Os autores dessa técnica sugerem alguns questionamentos para facilitar a identificação dos analgésicos, tais como:

- *Os produtos e serviços geram economia de tempo, dinheiro ou esforço?*
- *Fazem os clientes se sentirem melhores, dando fim às frustrações e às dores de cabeça?*
- *Eliminam os riscos e erros temidos pelos clientes?*
- *Favorecem que os clientes durmam melhor?*
- *Eliminam as barreiras para que os clientes adotem propostas de valor?*

- *Favorecem as soluções das dores?*
- *Põem fim às dificuldades e desafios que os clientes enfrentam?*
- *Eliminam as consequências negativas sociais, financeiras, de poder ou status?*

Em seguida, os analgésicos devem ser classificados como fundamentais ou o mínimo para atender aos clientes.

- **Criadores de ganhos:** Nessa área, deve ser mencionado como os produtos e serviços geraram ganhos para seus clientes e como um produto ou serviço resolverá seu problema.

Osterwalder et. al (2014) sugere que sejam realizados alguns questionamentos para facilitar a identificação dos analgésicos, tais como:

- Os produtos e serviços geram economias de tempo, dinheiro e esforços para os clientes?
- Geram os resultados esperados pelos clientes ou excedem suas expectativas?
- Facilitam a vida pessoal e profissional dos clientes?
- Geram consequências positivas sociais, de aparência, poder ou status para os clientes?
- Realizam um desejo que os clientes almejam?
- A proposta de valor ajuda os clientes a utilizarem os produtos e serviços?

Após a identificação dos criadores de ganhos, eles devem ser classificados em quanto são considerados como fundamentais ou bons de ter para os clientes.

Veja um exemplo (Figura 6.16) da aplicação dessa técnica, dando continuidade ao Canvas de Modelagem de Negócios elaborado anteriormente.

▼▼▼ FIGURA 6.16: Canvas Proposta de Valor.

Criadores de ganhos
Os clientes terão suas vidas pessoais e profissionais melhoradas (fundamental)
Os clientes demonstrarão mais confiança pessoal e profissional (fundamental)
Aumenta a possibilidade de longevidade da organização (fundamental)

Ganhos
Filho preparado para sucessão (desejável)
Dívidas pagas (esperado)
Gestão profissionalizada (inesperado)
Família unida (esperado)
Patrimônio aumentado (desejável)

Clientes: Fundadores das empresas familiares
Preparar a sucessão familiar (- importante)
Organizar as finanças da empresa separadamente da vida pessoal (+ importante)
Estruturar a empresa para sobreviver a longo prazo (+ importante)
Amenizar os conflitos familiares (+ importante)

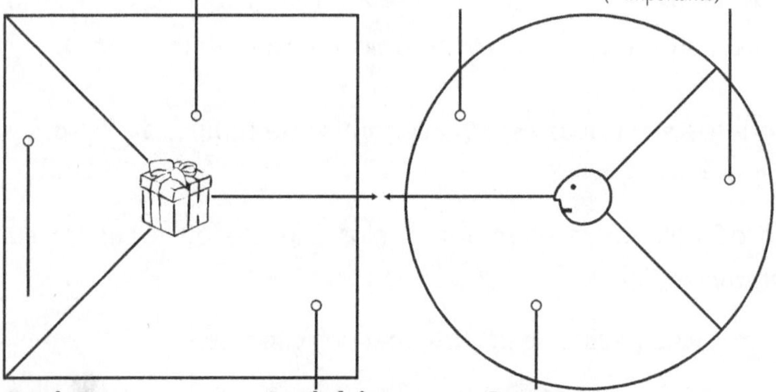

Produtos ou Serviços
Treinamentos (fundamental)
Atendimento individualizado (mínimo)
Consultorias empresariais (fundamental)
Ambiente virtual de aprendizagem (mínimo)
Livros (mínimo)
Artigos (mínimo)

Analgésicos
Diminuição de conflitos (fundamental)
Preparação dos familiares (fundamental)
Equilíbrio financeiro (fundamental)

Dores
(aguda) Não existe sucessão familiar
(moderada) Desorganização financeira
(moderada) Desorganização empresarial
(aguda) Relacionamentos familiares prejudicados

FONTE: Elaborado pelas autoras

O propósito do Canvas Proposta de Valor é ajudar as empresas a identificarem as principais estratégias para satisfazer os clientes, podendo ser utilizadas para novos produtos e serviços ou para melhorar os já existentes.

É importante dizer que os clientes sabem que não podem ter todos os seus problemas resolvidos com um único produto ou serviço, serão necessários vários produtos e serviços e, dependendo, da análise, podem ser produtos e serviços de uso contínuo, nunca finalizando o problema do cliente.

Após elaborar o Canvas Proposta de Valor com o perfil do cliente e o mapa de valor, é necessário validá-lo verificando se as definições estão encaixadas, ou seja, se os clientes gostaram da sua proposta de valor. Para isso, será necessário ter tarefas relevantes, dores aliviadas e ganhos importantes para os clientes. Sabe-se que encontrar e manter o encaixe não é fácil, entretanto, é esse o objetivo que a empresa deve buscar.

Para fazer a validação do Canvas Proposta de valor, confira se:

- *A empresa foca os ganhos fundamentais para os clientes;*
- *A empresa trata as dores principais dos clientes.*

Quando construir o Canvas, já identificando todas as informações em notas adesivas, veja quais são os analgésicos e criadores de ganhos e se eles se ajustam aos ganhos, às dores ou às tarefas dos clientes. Se um analgésico ou criador de ganho não se ajustar a nada, é porque ele não deve estar criando valor para o cliente. Logo, deve ser eliminado. Reforçando: é impossível satisfazer todas as necessidades dos clientes.

Uma proposta de valor bem definida oferecerá aos clientes um encaixe em que suas tarefas, dores e ganhos relevantes são contemplados quando os clientes a reconhecem, favorecendo a empresa com um melhor posicionamento no mercado quando gera lucros.

Project Model Canvas (PMC)

Uma vez definida uma ideia criativa, é preciso estruturá-la. Uma das opções é que isso seja feito por meio das técnicas Canvas, facilitando que ela se torne uma ação a ser implementada, ou seja, uma "ideia-ação". É bem provável que a "ideia-ação" se torne um projeto, sendo necessário estruturá-la de forma sistemática, lógica e integrada entre suas partes, que devem estar inter-relacionadas, dando sentido à sua implementação.

A elaboração de um projeto pressupõe o detalhamento de uma ideia que será realizada contendo metas a serem atingidas, problemas a serem resolvidos e a visualização de situações não vivenciadas, além de favorecer a criatividade sobre a ação a ser implementada.

A técnica do Canvas Project Model foi desenvolvida pelo brasileiro José Finocchio Júnior, especialista em gerenciamento de projetos com larga experiência no mundo das organizações. Finocchio (2013), "pegou carona" no Canvas de Alexander Osterwalder e Yves Pigneur, simplificando o desenvolvimento de projetos e favorecendo uma melhor visualização e entendimento do projeto por parte dos envolvidos e a sua implementação.

Para Finocchio (2013), as metodologias de projetos difundidas no mercado, além de serem muito complexas e muitas vezes confusas, são dispendiosas e levam muito tempo para evoluírem, dificultando seu próprio entendimento, desenvolvimento e implementação.

A LÓGICA DO DESENVOLVIMENTO DO CANVAS PROJECT MODEL

Para elaborar o Canvas Project Model, é importante inicialmente conhecer a lógica de sua estrutura, apresentada na Figura 6.17.

▼▼▼ Figura 6.17: Estrutura Lógica do Canvas Project Model.

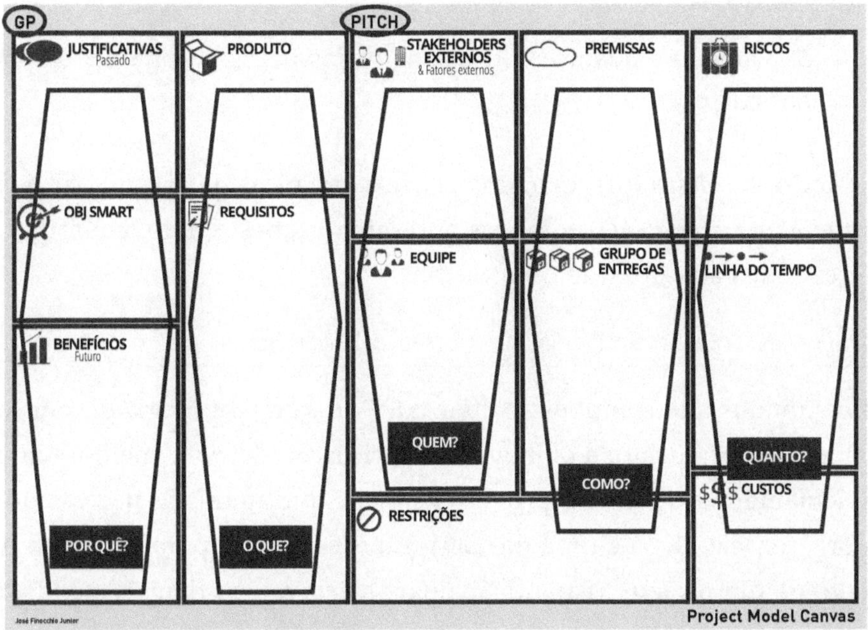

Fonte: Adaptado FINOCCHIO Jr.,(2013 p. 34)

Observe que, na parte superior do quadro, há duas identificações: GP e Pitch

GP significa gerente de projeto, devendo identificar a pessoa que está conduzindo e elaborando o projeto.

Pitch apresenta a frase que identificará a essência deste projeto.

De acordo com Finocchio (2013), o Canvas Project Model foi organizado visando responder cinco perguntas na seguinte ordem:

1º. Por quê? - Relacionada à justificativa, aos objetivos e aos benefícios;

2º. O quê? – Relacionada ao produto e aos benefícios;

3º. Quem? – Relacionada aos stakeholders externos e à equipe;

4º. Como? – Relacionada às premissas, ao grupo de entregas e às restrições;

5º. Quando e quanto? – Relacionada aos riscos, à linha do tempo e aos custos.

Para obter essas informações, utilize as técnicas de *brainstorming*, *design thinking*, *world café* ou outras apresentadas neste livro, conforme o contexto de cada situação e problema.

O "Por Quê?" — Elementos: Justificativa, Objetivo, Benefícios

Os conteúdos que compõem o "por quê" dessa metodologia devem responder de forma clara e objetiva a qual situação deve ser melhorada ou implementada no final do projeto de forma que atenda às necessidades da organização. Essa é uma das perguntas essenciais para o desenvolvimento de um projeto, visto que é a partir dela que as demais atividades e respostas serão norteadas.

Para Finocchio (2013), as principais falhas ao elaborar a concepção de um projeto estão relacionadas:

- À má definição de objetivos, não atendendo às necessidades da empresa ou às demandas previstas;
- Ao dimensionamento inadequado do projeto, estabelecendo necessidades mais simples ou mais complexas do que a proposta exige;
- Ao planejamento inadequado de recursos para o desenvolvimento do próprio projeto;
- À falta de clareza e objetividade na descrição dos elementos do projeto. Ou seja, as perguntas norteadoras do modelo do projeto proposto não foram bem especificadas;

- Aos benefícios planejados no projeto não agregarem novos valores à empresa;
- Ao não posicionamento da empresa numa situação futura desafiadora, apenas sua manutenção na situação atual;
- Ao risco ao qual o projeto expôs a organização, colocando-a em situação de vulnerabilidade e em condições piores que as atuais por falta de conhecimento;
- Ao estabelecimento de objetivos impossíveis de serem alcançados.

Estando essas diretrizes claras para o gestor do projeto, recomenda-se começar a descrição de cada um dos elementos propostos na técnica do Canvas Project Model. Na estrutura do "por quê" devem ser descritas a justificativa, o objetivo e os benefícios, conforme detalhado a seguir:

- **Justificativa:** Apresente os motivos mais importantes que justificam que a empresa mude sua situação atual; identifique as motivações que levaram ao desenvolvimento do projeto; identifique os problemas que precisam ser melhorados e resolvidos. Organize as justificativas em tópicos e em notas adesivas, assim as alterações ficarão mais fáceis e dinâmicas.

  Algumas vezes, as justificativas correspondem a problemas não solucionados, a necessidades legais não atendidas, a oportunidades não exploradas, ao desempenho abaixo do esperado ou aquém em relação à concorrência, e a reclamações de clientes.
- **Objetivo SMART**: Identifique o que deseja alcançar de forma objetiva, clara e direta.

Ao elaborar o objetivo, utilize a técnica SMART (Tabela 6.4), que significa:

Tabela 6.4: Descrição do Acrônimo SMART.

S	**Specific (Específico)** O objetivo deve ser específico, deixando claro o que se deseja atingir.
M	**Measurable (Mensurável)** Agregue à frase uma forma quantitativa para verificação do esforço realizado para o objetivo a ser alcançado.
A	**Attainable (Atingível)** Indique um objetivo que possa ser atingido pela equipe envolvida, dentro de suas competências.
R	**Realistic (Realista)** Apresente as condições para que o objetivo seja atingido.
T	**Tangible (Tangível) ou Timely (Em Tempo)** Apresente o prazo de conclusão do objetivo traçado.

Fonte: Elaborado pelas autoras

Veja um exemplo de um objetivo descrito pelo padrão SMART.

- *Atingir, anualmente, 4 grupos de 30 alunos na região em que estamos situados.*

Por meio desta descrição, a organização deixa claro o que atingir, onde situar a meta e em qual tempo.

- **Benefícios:** Liste o que a empresa ganhará com a realização do projeto (ganhos financeiros, ambientais, imagem, qualidade, sociais, dentre outros); identifique os principais benefícios que serão gerados com o projeto.

Após a escrita da justificativa, dos objetivos e dos benefícios, efetue a validação do que foi escrito, revisando os conteúdos e verificando se eles estão alinhados entre si. Para isso, faça as seguintes perguntas:

- *Os benefícios gerados, de fato, atenderão aos objetivos traçados?*
- *As justificativas são motivadoras para a equipe?*

"O quê?" Elementos: Produtos e Requisitos

Tenha em mente as reais necessidades dos clientes para que possa elaborar um produto ou serviço dentro das especificações corretas. Saiba o que desejam e precisam. Os produtos e serviços devem atender às necessidades dos clientes. Vale o jargão popular: "a empresa vive para atender aos clientes."

- **Produtos (ou serviços):** Deixe claro quais são os produtos ou serviços que sairão do desenvolvimento desse projeto. Afinal de contas, o que os clientes receberão? O que vai ser entregue? É um produto tangível ou não? Caso seja um produto intangível (serviço), veja como é possível que essa entrega seja visível na percepção do cliente. Por exemplo: num treinamento, a entrega pode ser uma apostila.
- **Requisitos (características):** Identifique as características essenciais dos produtos e serviços que serão ofertados, os requisitos que precisam ser atendidos para satisfazer as necessidades dos clientes ou o que a empresa pretende oferecer. Abra um canal de comunicação com o cliente para obter maiores informações do que ele deseja, as funções que o produto ou serviço necessitam desempenhar, seja em relação às cores, ao peso, à funcionalidade, ao tamanho, ou qualquer outro requisito. Se possível, desenvolva um protótipo para o cliente validar, conforme proposto na técnica do *design thinking*.

Nessa sessão, deixe claro quem são os *stakeholders* (partes interessadas) envolvidos direta ou indiretamente no projeto e identifique suas expectativas e sua função no desenvolvimento do projeto. Analise separadamente os interesses dos *stakeholders* internos e externos com o intuito de identificar de forma mais assertiva quais são os envolvidos que estão, ou não, sob controle da organização.

- ***Stakeholders* externos:** Identifique quem são as partes interessadas externas que serão afetadas pelo projeto, seja favoravelmente ou não. Podemos citar como principais *stakeholders* externos os clientes, os investidores do projeto, a comunidade na qual está inserida a organização e todos que serão afetados pelo produto ou serviço, mas que não estão sob controle da organização.
- **Equipe (*stakeholders* internos):** Identifique quem são os membros (internos) da empresa que serão afetados diretamente pelo projeto, o papel de cada um no seu desenvolvimento, as expectativas que elas devem atender, o compromisso de cada um em relação às entregas e ao tempo que precisarão dispender para que atuem ativamente no projeto.

  Os *stakeholders* internos devem ser comunicados e envolvidos no processo para que possam atuar com elevado grau de comprometimento e motivação. É preciso que eles saibam da importância de sua participação no projeto e como está organizada a estrutura hierárquica para que ele seja desenvolvido.

  Ao descrever esse tópico no quadro Canvas, liste apenas o nome das pessoas ou suas áreas de trabalho. Numa folha adicional, inclua as demais informações citadas.

Nesta área, defina quais são as fases a serem desenvolvidas, como as atividades serão realizadas, o que será entregue em cada momento e as condições para que tudo ocorra conforme o planejado.

- **Premissas:** São as hipóteses que podem acontecer, consideradas como certas no ambiente externo. Para identificá-las, pense no futuro, ou seja, exercite a prática da "futurologia", imagine o que pode acontecer. Veja alguns exemplos de premissas: é certo que no período de inverno ocorram estiagens; a capacidade de produtividade da máquina a ser comprada é três vezes inferior à atual; o índice de frequência dos funcionários não chega a 70% ao mês; o dólar não ficará superior a R$4,50 até o final do ano.

A identificação das premissas permite aos gestores diminuir as incertezas sobre os trabalhos a serem realizados, pois conhecendo-as poderão trabalhar de forma preventiva, com maior segurança, e já planejarem ações para maximizar as oportunidades ou minimizar as ameaças.

- **Grupos de entregas:** Nessa sessão, são mencionados os resultados a serem entregues em cada uma das fases do desenvolvimento do projeto até a sua conclusão. Em outras palavras: identifique as etapas do trabalho, sempre mencionando o resultado da etapa. Por exemplo, imagine que você vai elaborar um projeto de treinamento em que é provável que haja as seguintes entregas:
  - Ementa;
  - Conteúdo programático;
  - Plano de aula;
  - Apostila;
  - Slides da apresentação;
  - Atividades de exercitação.

Informe apenas os resultados das entregas mais relevantes, não é preciso detalhar as subfases de cada uma das entregas. O importante é a definição sequencial das fases e o que será entregue em cada momento como "resultado" delas. Os detalhes podem ser descritos com maior precisão, se necessário, em documentos anexos.

- **Restrições:** Liste as limitações da capacidade para a produção dos serviços e produtos a serem entregues. Verifique as variáveis que podem diminuir a capacidade de realização do projeto, tanto em relação a elementos internos quanto externos.

  Por exemplo: se não existe restrição a um projeto de deslocamento dos EUA para o Brasil, poderíamos sugerir que uma pessoa seria transportada em 15 minutos de um ponto a outro, mas sabemos que temos restrições tecnológicas e de recursos em geral a essa possibilidade.

  Para identificar as restrições do projeto, pergunte-se: por que não conseguimos entregar o projeto bem antes do prazo previsto? É bem provável que resulte daí uma lista de restrições, como por exemplo:

  - Os profissionais do mercado não são suficientemente qualificados;
  - Os recursos financeiros são limitados para aumentar a carga horária do treinamento;
  - As salas de aula não têm todas as tecnologias necessárias;
  - Não tem sala de espera.

Conhecendo as premissas, a equipe e os *stakeholders* externos se sentirão mais seguros, as entregas e as restrições serão melhor trabalhadas e a realização do projeto será mais assertiva e confiável.

Para definir adequadamente os prazos e os custos envolvidos, primeiro é necessário que todas as demais partes do projeto tenham sido bem identificadas pelo gestor do projeto e pela equipe envolvida. Caso contrário, a probabilidade de repassar informações erradas aumenta muito. Finocchio (2013) alerta sobre o perigo de repassar essas informações precipitadamente, pois sabe-se que os clientes e patrocinadores do projeto desejam de forma imediata esses retornos (quando e quanto), entretanto, elas não devem ser fornecidas sem a compreensão do projeto.

- **Risco:** Liste os fatores internos e externos que podem colocar em risco o desenvolvimento do produto ou serviço. Existem riscos que podem prejudicar todo o produto, enquanto outros podem colocar apenas algumas das entregas ou resultados das etapas em risco. Quanto mais for possível conhecer os riscos, mais será possível traçar ações preventivas. Aos descrever o risco, relacione suas causas e efeitos.
- **Linha do tempo**: Elabore o cronograma do trabalho com as datas dos compromissos assumidos para cada uma das etapas das entregas já considerando os riscos, as restrições e as premissas previstas anteriormente. Não é necessário detalhar o cronograma, deixe isso para o momento do acompanhamento. Cuidado para não definir limites muito otimistas ou muito pessimistas. Use o bom senso da experiência dos envolvidos.
- **Custos:** Enumere todos os custos genéricos envolvidos para cada uma das entregas previstas no negócio e indique os custos por produtos e serviços. O detalhamento desses valores deve ser listado apenas na fase posterior de implementação.

Veja um exemplo prático do Project Model Canvas (Figura 6.18). O estudo de caso desse exemplo apresenta o resultado de um grupo de consultores que se uniu para desenvolver o produto "treinamento de imersão", visto que foi identificada uma demanda de mercado reprimida na sua região de atuação profissional.

▼▼▼ Figura 6.18: Exemplo Prático do Project Model Canvas.

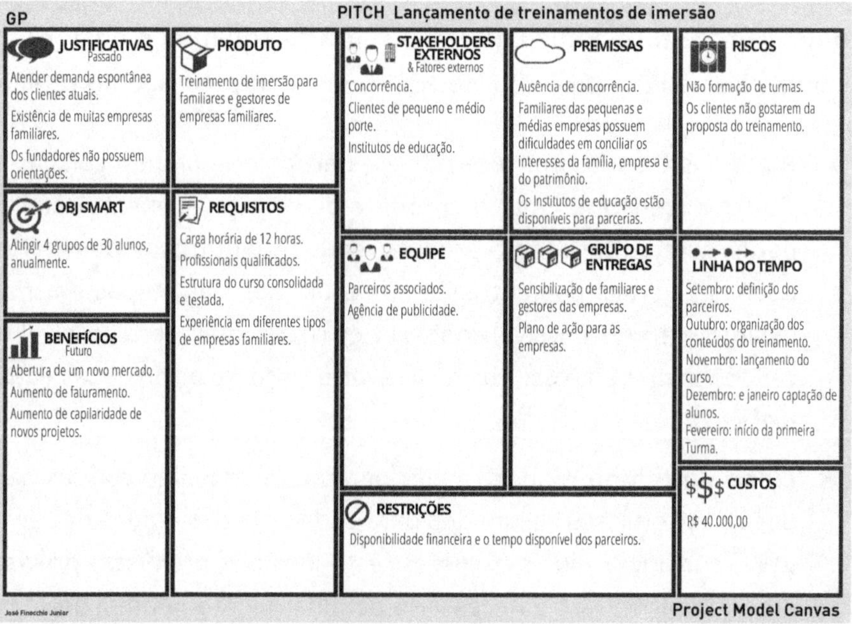

Fonte: Elaborado pelas autoras

O QUE FAZER APÓS A CONCEPÇÃO DO PROJECT MODEL CANVAS?

Após a elaboração do projeto, de acordo com o autor dessa ferramenta, é necessário que o projeto passe por quatro fases: integrar, resolver, compartilhar e sistematizar a aprendizagem, que consistem em:

- **Integrar**

  Após finalizar a elaboração do projeto, o responsável pelo seu desenvolvimento deverá chamar todos os participantes para fazer um alinhamento crítico entre todos os elementos elaborados, sempre validando cada uma das etapas. O objetivo dessa integração é verificar se todos os conteúdos elaborados estão inter-relacionados.

A sugestão é que a integração seja realizada logo após a concepção do projeto, pois todos ainda estarão com as ideias "na cabeça", facilitando a revisão e melhoria do processo.

- **Resolver**

Durante o desenvolvimento de um projeto, é recorrente que algumas informações faltem ou fiquem incompletas, entretanto, isso não deve impedir o processo de criação. Para resolver essas questões que ficaram incompletas, sugere-se que os membros complementem as informações, como se fosse um "dever de casa". O passo seguinte é atualizar o conteúdo do Canvas.

- **Compartilhar**

Considerando que todas as etapas anteriores foram desenvolvidas adequadamente, o momento seguinte é verificar a necessidade de detalhamento das informações inseridas no Canvas. Acrescente um plano de projetos formal com maior nível de detalhamento para cada uma das partes citadas, planos de ação, cotações, cronogramas, apresentações em PowerPoint ou outros softwares, definição dos perfis e das atividades que devem ser exercidas por cada um, pesquisas de mercado, ou seja, o que for considerado essencial detalhar. Utilize os documentos adicionais como anexos do Canvas.

- **Sistematizar a aprendizagem**

Verifique na organização como todo o conteúdo elaborado pode ser recuperado e reutilizado sempre que for preciso, seja para fazer novos projetos ou uma nova revisão do projeto já elaborado.

Apresentação Pitch: Na Busca por Convencer os Investidores

Considerando que você pensou numa ótima ideia que pode ser estruturada pelas metodologias do Canvas e lançada, é provável que lide com outra questão: é possível replicá-la no mercado? Também pode ocorrer que você veja a viabilidade em replicá-la, mas será que tem recursos financeiros suficientes para desenvolvê-la na prática? Caso não tenha, uma ideia é apresentar seu projeto para um investidor e torcer para ele comprar a sua ideia para que ela vire um produto ou serviço.

Entretanto, sabemos que temos cada vez menos tempo, e os investidores também. Logo, para apresentar uma ideia para os investidores, será necessário fazer uma apresentação sucinta, clara, direta e objetiva, ou seja: uma *apresentação pitch.*

Não existe um formato ou modelo único de apresentação pitch. Quanto ao tempo de apresentação, é comum variar de 3 a 15 minutos. Caso você consiga um investidor para conhecer seu projeto com o intuito de financiá-lo, verifique com ele ou com sua equipe de apoio qual é a estrutura da apresentação e o tempo disponível que terá.

Além do tempo e da estrutura da apresentação, é importante que você se apresente de forma positiva e com entusiasmo. Você precisará passar confiança para o investidor. Ou seja, você será um dos principais elementos que favorecerão a aceitação ou não do projeto. Pense nos detalhes da apresentação de forma que ela se torne atrativa e que demonstre quanto conhecimento tem sobre o assunto do seu projeto.

▼▼▼

LIÇÕES APRENDIDAS

No Capítulo 6, você aprendeu que:

- Existem diferentes técnicas favoráveis para gerar ideias criativas, dentre elas podemos citar: *brainstorming*, *world café*, biomimética, SCAMPER, TRIZ (Teoria da Solução Inventiva de Problemas), seis chapéus do pensamento, e *open innovation*. De acordo com o projeto a ser desenvolvido, a organização escolhe a técnica que for mais adequada, podendo usar quantas técnicas considerar pertinentes.
- Para estruturar as ideias criativas e inovadoras, você pode optar pela metodologia Canvas. Se o passo inicial for a modelagem do negócio, utilize o Canvas Modelo de Inovação de Negócios, detalhando: os segmentos de cliente, a proposta de valor, os canais de divulgação, as formas de relacionamento com clientes, as fontes de receitas, os recursos principais, as atividades-chave, as principais parcerias e a estrutura de custos.
- Para validar a ideia, conforme os interesses dos clientes potenciais, sugere-se o uso do Canvas Proposta de Valor, que analisa o perfil dos clientes e o mapa de valor, visando ajustar as dores e os analgésicos.
- Uma vez que a ideia estiver modelada e os valores propostos ajustados aos desejos dos clientes potenciais, o passo seguinte é elaborar um projeto para sua implementação. Para isso, sugere-se a utilização do Project Model Canvas (PMC), que detalhará a implementação a partir da verificação do por quê, do quê, de quem, do como, do quando e do quanto do projeto.
- Por fim, você conheceu alguns elementos importantes para apresentar sua ideia de forma sucinta para investidores a partir das técnicas de apresentação pitch.

BIBLIOGRAFIA

BONO, E. **Os Seis Chapéus do Pensamento**. Rio de Janeiro: Editora Sextante, 2008.

ENDEAVOR. **Apresentação Pitch**. Disponível em https://endeavor.org.br/como-elaborar-um-pitch-quase-perfeito/

FINOCCHIO, J. **Project Model Canvas**. 9ª edição. Rio de Janeiro: Campus, 2013.

NICOLETTI, A. **TRIZ - Teoria da Solução Inventiva de Problemas**. Disponível em http://www.banasqualidade.com.br/2012/portal/conteudo.asp?codigo=12273&secao=Revista. Acesso em 08/05/2016

OSTERWALDER, A. & PIGNEUR, Y. **Business Model Generation - Inovação em Modelos de Negócios**. Rio de Janeiro: Alta Books, 2011.

OSTERWALDER, A., PIGNEUR, Y., BERNARDA, G. e SMITH, Al. **Value Proposition Design - como construir proposta de valor inovadoras.** São Paulo: HSM do Brasil, 2014.

SEBRAE. **Canvas** - https://www.sebraeCanvas.com/#/

SEBRAE do Paraná. **Guia para a Inovação** - Instrumento de Orientação de Ações para Melhoria das Dimensões da Inovação. 2010. Disponível no site https://www.sebraepr.com.br/Sebrae/Portal%20Sebrae/Anexos/Guia_para_inovacao_instrumento_de_orientacao.pdf

TAJRA, S. **Empreendedorismo: Conceitos e Práticas Inovadoras**. São Paulo: Editora Érica/ Saraiva, 2014.

The World Café. http://www.theworldcafe.com/wp-content/uploads/2015/07/World_Cafe_Para_Viagem.pdf

Design Thinking para Educadores. http://www.dtparaeducadores.org.br/site/o-que-e-design-thinking/

▼▼▼

Conclusão

Graças à capacidade cognitiva humana, foi possível a criação de uma série de artefatos que facilitaram o nosso dia a dia. A inovação, hoje, é mandatória para as organizações que buscam a liderança nas suas operações. Para atender as necessidades básicas e não básicas dos seus clientes, elas lançam constantemente novos produtos e serviços no mercado, porém aqueles considerados disruptivos são raros. Mas, independentemente do tipo de inovação, todas têm sua importância, proporcionando o crescimento econômico e a geração de novos postos de trabalho. Assim, toda e qualquer organização deve se preocupar desde cedo em ser um terreno fértil para a inovação, pois é o que garantirá seu futuro.

Nenhuma inovação acontece por acaso. Ela é o resultado de um processo contínuo de combinações de elementos que já existiam antes, de um acerto dentre diversos erros. Um invento é considerado uma inovação quando inserido no mercado e aceito por ele. Durante o processo de desenvolvimento de produtos e serviços, muitas criações não vão para frente, o que é conhecido como vale da morte. Infelizmente, organizações carecem de uma estrutura apropriada para alavancar potenciais projetos em inovação. Relembrando que os principais ingredientes da inovação são investimentos em formação de capital humano, investimentos em P&D, estruturas de apoio para a gestão da inovação, e consolidação de parcerias para o desenvolvimento de tecnologias. A falha de um deles gera um impacto negativo no desenvolvimento tecnológico e seu potencial crescimento e amadurecimento.

Com a finalidade de acelerar o desenvolvimento tecnológico e aproveitar melhor as competências internas e externas da organização, o sistema de inovação aberta torna-se cada vez mais popular.

No entanto, já existem organizações que nascem com a inovação no seu DNA, as conhecidas como startups. Por se tratar de um produto ou serviço novo, as startups estão situadas num contexto de elevado grau de incerteza e riscos. Muitas delas são oriundas da 4ª. Revolução Industrial e têm como referência o acesso à informação, ao conhecimento e às redes digitais, que constituem seus insumos essenciais para novos produtos e serviços.

A cultura organizacional de empresas baseadas em inovação tem características que favorecem a criatividade, a geração e a aplicação de novas ideias; um ambiente no qual o erro é tratado como um elemento de experimentação.

As organizações baseadas em inovação buscam a todo momento uma diferenciação competitiva para seus produtos e serviços, tornando a experiência dos seus clientes singular. *Design Thinking* é a ferramenta ideal para esse tipo de organização pelo fato de proporcionar uma nova forma de pensar, observar, analisar e propor soluções criativas para problemas do nosso cotidiano. A missão é melhorar a vida das pessoas a partir de produtos e serviços que atendam às suas necessidades para conviver com o mundo complexo e contraditório.

Diferentes técnicas favoráveis para geração de ideias foram apresentadas, como: *brainstorming, world café,* biomimética, SCAMPER, TRIZ – Teoria da Solução Inventiva de Problemas, e seis chapéus do pensamento. Veja que existem diversas técnicas que vão auxiliar qualquer tipo de organização a criar ideias brilhantes, mas o importante é conhecer cada uma delas para saber qual escolher em determinado momento. A melhor maneira de aprender uma nova técnica é através de sua aplicação, nem que seja num problema fictício. Mas realizar treinamentos que contemplem o máximo de técnicas é fundamental para o fortalecimento da equipe.

E, por último, foi apresentado o modelo Canvas, uma ferramenta adequada para organizações baseadas em inovações que auxiliará empreendedores a estruturarem o modelo de negócio. O foco do Canvas se concentra na validação do modelo de negócio inicial pelos clientes potenciais. Se uma proposta de negócio não for validada por eles, a única saída é a pivotagem, ou seja, mudanças nos produtos ou serviços de forma a atender suas necessidades. Ressaltamos, ainda, a importância do mercado consumidor para o sucesso de qualquer inovação. Se não for aceita pelo mercado, nenhuma ideia sairá do papel.

Índice

△△△